飯田久恵の

[出し入れ]楽チン!

クイック収納術

収納カウンセラー
飯田久恵

PHP
ビジュアル
実用BOOKS

はじめに

この本では「今まで何度片づけても、うまくいかない」という方に、ぜひ知っていただきたい、収納の考え方とその実践例をご紹介します。

私は20年近く、収納カウンセリングという収納の家庭教師的なお仕事をさせていただいてきました。そのなかで痛切に感じ、また確信を得たことは、「人は面倒なことは続かない」。それが一般的だ、ということです。

そこで、どうすれば、誰でも片づいた状態を維持できるようになるのか……それをずっと考えてきました。

その行き着いた収納がこの実例集です。

さまざまな実験を行ったり、収納用品や道具を使ってみたりして、試行錯誤の末、実にシンプルな収納方法に落ち着きました。それはどんなものでも「棚」「引き出し」「つるす」のどれかに収めれば、最少の2手間でモノが出し入れできる、ということです。「なんだ！　家具があれば誰だって収納できる……」と思われるかもしれませんが、その裏にある理由が大切なのです。それさえわかれば、与えられた条件の中でベストな収納を自分で決められるようになるのです。

また、この本では奇をてらうような珍しい道具や方法は紹介していません。それは、結局出し入れが面倒な収納につながり、持っていても使っていないという現実をたくさん見てきたからです。

この本をお読みいただく皆様には、長年の私の経験から得た収納方法をこの一冊で知っていただき、遠まわりすることなく「短期間で片づけやすい」収納を実現していただきたいと思うのです。そしてその余った時間をご自分の大切なことに使っていただきたいのです。それが本書のいちばんの目的です。

飯田　久恵

目次
CONTENTS

飯田久恵の【出し入れ】楽チン！ クイック収納術

PART 2

部屋別収納のポイント 31

えほん

コラム

手本にしたい収納のコツ

モノ別 五十音順索引

INDEX

PART 1

整理・収納の考え方

POINT 1

ベストな収納って何？ 正しい収納の基準を知ろう

すぐに出し入れができる ラクな収納がベスト

「正しい収納とは何だと思いますか？」と聞かれ、即答できる人は多くないと思います。知っているようで案外知らないのが、この基準。まずは、整理収納のことをきちんと知ることから始めましょう。

その第一歩として、よい収納の基準を定めました。それは、「与えられた場所やスペースのなかで、いちばん出し入れに時間と労力がかからない収納」ということです。このように考えれば、どのように入れようかと迷うことがありません。

例えば、左のイラストを見てみましょう。中に入っている書類や本は同じものとします。その場合、AとBはどちらがよい収納だと思いますか？　先ほどの基準から考えると、よい収納は、どの本もすぐ見えてラクに取り出せるAだとわかります。でも、本棚に並んでいる状況は、Bのほうがスッキリ見えるから、Bも考えられる……などと、ちょっと迷いませんでしたか？

しかし、「与えられた状況のなかで、いちばん出し入れに時間と労力がかからない収納」というように基準を定めていれば、迷うことなくAという答えが出るはずです。

自分にとって最適な優先順位を決めよう

「Bにしよう」と思う場合は、インテリア性を優先させたことになります。

効率と美しさ、どちらを優先させるかを迷ったら、使用頻度を考えます。一般的に、使用頻度が高いものは出し入れやすさを優先し、めったに使わない、またリビングなど他人にも見える場所の収納は、インテリア性も考慮しなければなりません。

よい収納の基準に合わせて、常に何を優先させるかを考えれば、納得しながら自分にとって最適な収納を実行することができます。

正しい収納はAとBのどっち？

A 本を棚に直接並べる

どの本もすぐ見えて取り出せる

B 本を入れたボックスを棚に置く

①ボックスを一度引き出して
②どこかに置いて本を取り出す
（背表紙が見えないのも難点）
②
①

POINT 2

その収納はラク？ 面倒？「収納指数」を知ればはっきりわかる！

収納指数で収納を制覇

私は片づけが「面倒」とか「ラク」とかいうことを、「収納指数」という数値で表しています。数値と聞いて、面倒くさそう、なんて思わないでください。この考え方さえ押さえておけば、収納を制覇できるのです。「収納指数」とは、モノの出し入れに必要な歩数とアクション数（動作数）を足した数値です。

これが低いほど時間も労力も使わないラクな収納ということです（手に持つ動作は数えません）。「収納指数」を減らすことで、片づけやすくなった例を、Aさん宅のケースで見てみましょう。Aさんは風邪をひいたようで、風邪薬を飲むことにしました。リビングにいるAさんが薬を取り出すまで、置き場所と入れ物で、どれくらい収納指数に差が出るのかを考えてみます。

「歩数」＋「アクション数」（動作数）
⇐
「収納指数」

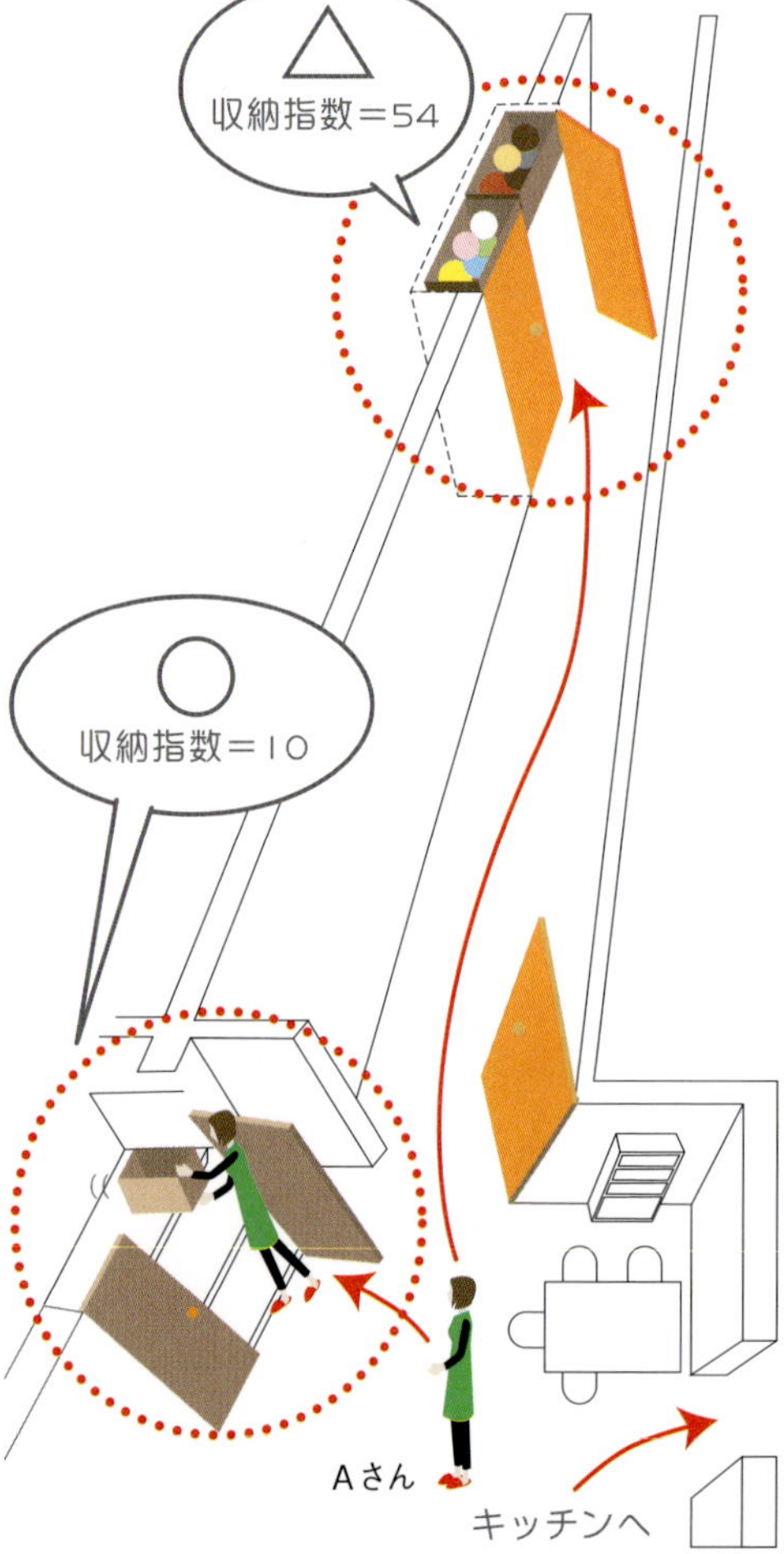

収納指数を低くすれば出し入れもラク！

　右のイラストの間取りのように、廊下に物入れがあり、そこに薬箱が収納されています。リビングから①ドアを開けて、廊下を10歩移動し、②物入れの扉を開けて、③薬箱を持ち、④扉を閉め、リビングに戻るために10歩歩きます。そして⑤リビングのドアを閉め、⑥薬箱をダイニングテーブルに置いて、⑦フタを開け、やっと取り出すことができました。

　その歩数とアクション数を合わせると「20歩＋7アクション数＝収納指数27」ということになり、それを片づけるまではその倍の「収納指数54」が必要です。「収納指数」が高いため、片づけるのも面倒です。

　そこで、置き場所をリビングの物入れに移動し、フタ式の薬箱を引き出し式に替えてその物入れの中に入れました。すると、出す、入れるの両方で6歩の移動と、①扉を開け、②引き出しを引いて、③戻して、④扉を閉めるだけのアクション数4のみで、「収納指数10」となりました。薬を出し入れする収納指数が54から10に減った分だけ出し入れがラクになったのです。指数1が平均2秒とすると、Aさんが薬を出し入れする時間は1分28秒短縮されました。

　もちろん、すべてのモノの「収納指数」を低くするには限りがあります。その場合は、使用頻度が高いモノを優先して近くに置き、指数を低くしましょう。

収納指数と使用頻度のグラフ

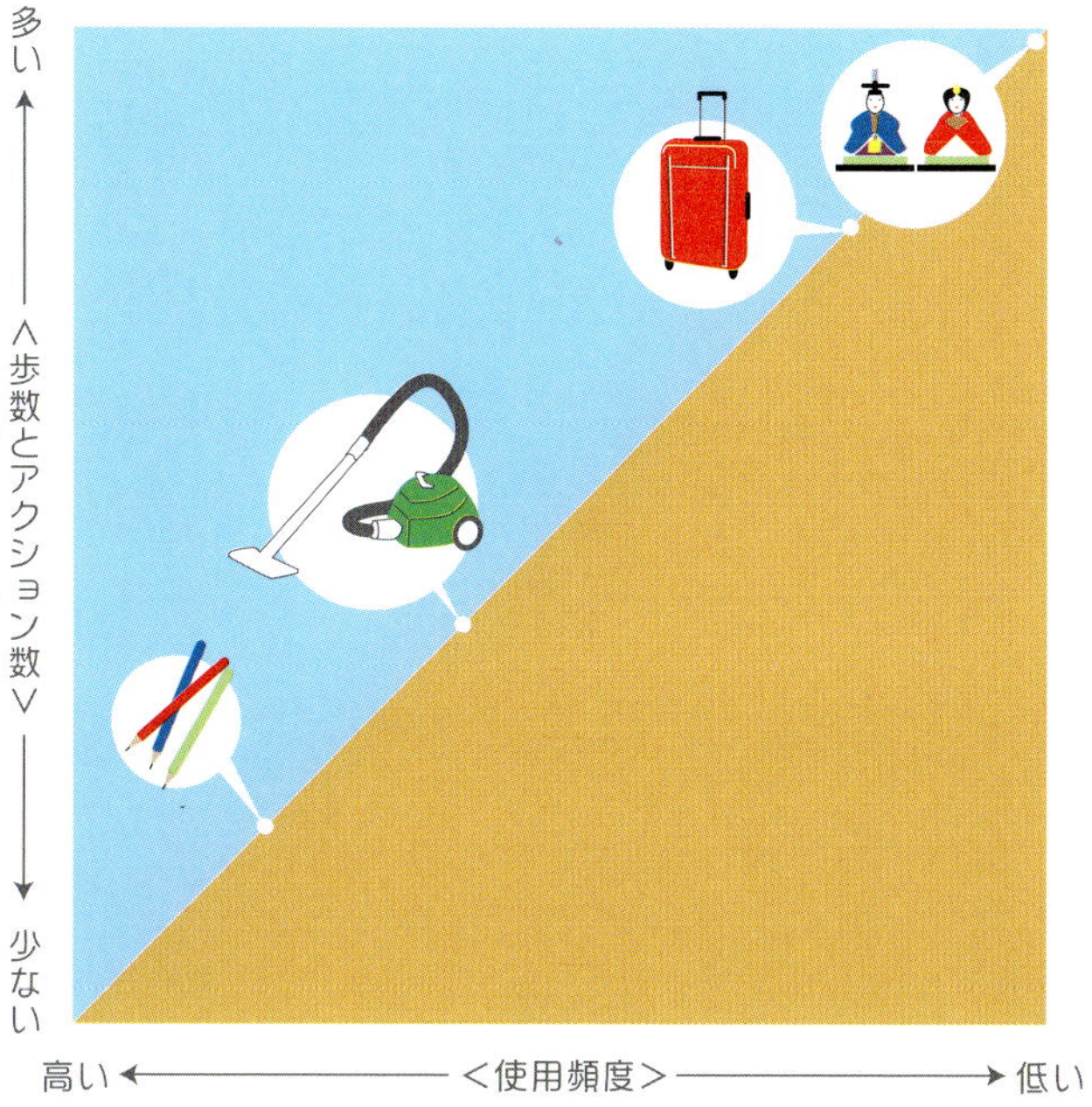

1日に何度も使う文房具などは、歩かないで取れる場所に置きます。逆に、ひな人形など年に1度しか使わないものは、遠く離れた場所でもいいのです。文房具、掃除機、スーツケース、ひな人形など自分の家で使うものの「使用頻度」と「収納指数」の点をとり、交差する点を結んだとき、グラフのように右上がりになると、その家の収納は適正ということがわかります。

POINT 3

収納の目的はたくさん入れるためにあらず

収納というと、どうにかして多くのモノを上手に入れようとしますが、考えてみると、モノは何かをするために使う〝道具〟なのです。「たくさん入る」からといって詰め込んでも、出すのが面倒なために使わなければ、何の役にも立ちません。収納の目的は、「使うため」なのです。

ここで、同じスペースの中に多く入れれば入れるほど、すぐ使える、戻せる、という目的からかけ離れていくことを、イラストで見てみましょう。奥行きのある棚に、食品が入っているガラスビンが置いてあります。真ん中の列のスペースがもったいないような気がしませんか？

この状態を上から見たイラストがⒶです。この置き方なら、どのビンもサッと取り出せます。

たくさん入れるほど出し入れが面倒に

多く入れることを目的にすると、イラストⒷのようになります。多く入ることはいいのですが、もしも★のビンを出したいとき、とても面倒です。手前のビンを出して、それをいったんほかの場所に置き（これが面倒さを倍増させる）、その後にやっと奥から取り出すことができます。

Ⓑの入れ方ですぐ出せるのは手前3個のビンだけです。

Ⓑの状況をスーパーマーケットの駐車場と考えると、あり得ない入れ方です。駐車場係の人が①の車に乗り込み、バックして広い場所に移動させ、また次の②の車を移動、そして③、④……と考えただけで、時間と労力がかかります。そればかりか、4台の車をいったん置くスペースも必要です。駐車場なら誰でもそのようなことをイメージできるのですが、モノの収納となると頭は別になり、たくさん入れたくなります。

でもこの例えで、同じスペースの中では、「入れれば入れるほど、モノが増え、取り出しにくい」という現実がわかっていただけたでしょうか。

出し入れの手間の比較

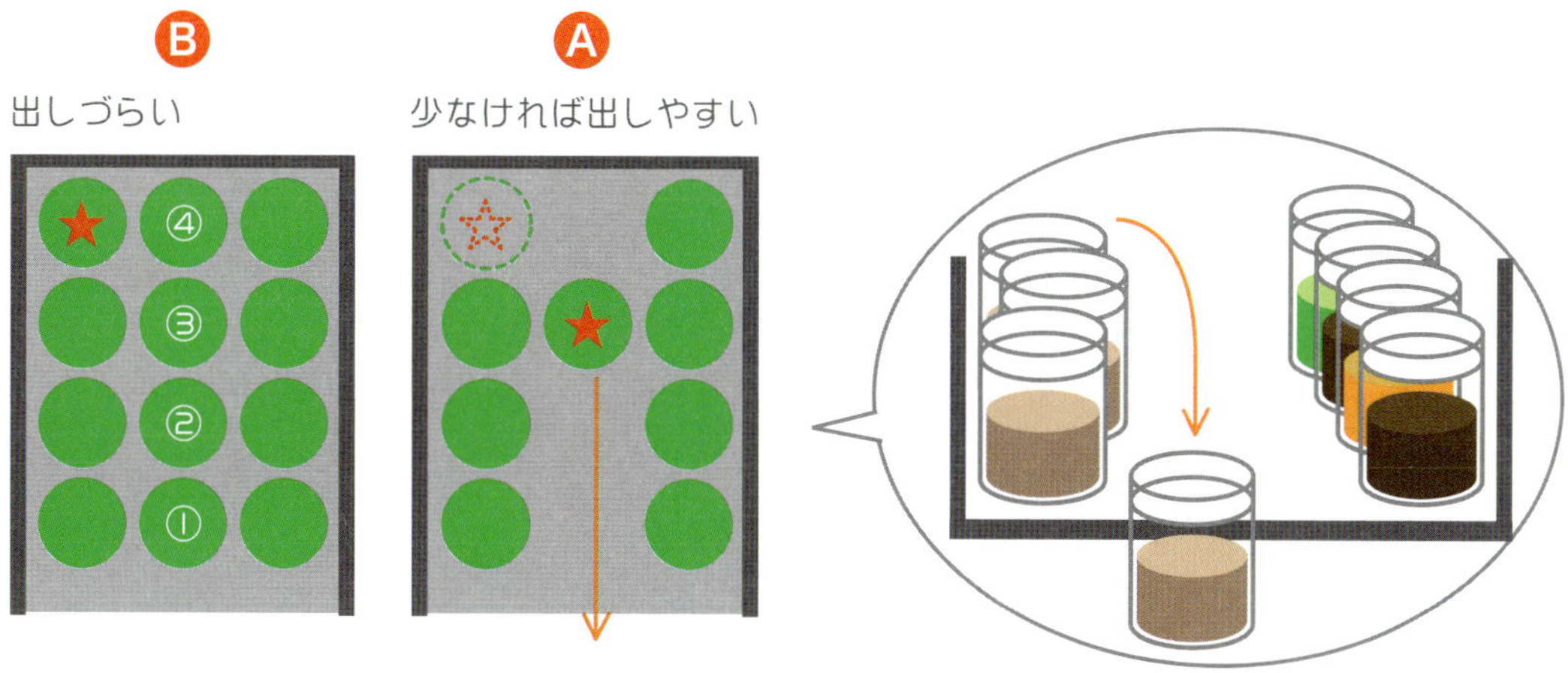

すぐ戻せる収納でないため、出しっ放しに

POINT 4

収納と片づけは別！

「えっ！　収納も片づけも同じでは？」と思っていませんか。私も収納を真剣に考えるまでは、そんなことは意識したこともありませんでした。でも、収納と片づけの区別が曖昧だから片づかなかったのです。そこで、「収納」と「片づけ」を別々に定義づけることにしました。

「収納」はモノに指定席を与えること。「片づけ」は、使用後同じ指定席に戻すこと。

　戻す指定席がもともとなければ、とりあえず収めやすい場所に入れたり、部屋の隅に積み上げたりして、うわべだけ片づいたように見せるしかありません。

片づけられないのは子供のせいじゃない！

　イラストのような散らかった子ども部屋があります。このお母さんは「子どもがだらしないから散らかす」と思っています。仕方がないので親がときどき、散らばったモノをまとめたり、重ねたりして一見スッキリさせていました。しかし、子どもが一度でも重ねた中のモノを取り出すと、上のモノが崩れ、使うたびに戻る位置も変わり、探し物の原因になります。

　何度かそれを繰り返し、ようやく指定席を設けるための家具が必要なことを悟り用意しました。これでやっと「片づけ」ができるようになります。

片づけの前に収納を

「片づけ」は「収納＝指定席づくり」がなされてこそ、できることなのです。このほかに、「片づけを家事代行に何度頼んでもすぐ散らかる……」というケースも多くあります。これは「収納」がなされていない状態で頼んでいるからです。

「収納はコツやポイントがあればお金をかけずに解決できる」と思っている人は少なくありませんが、よい収納には適切な家具を必要とすることが多いのです。

何度片づけても散らかる子ども部屋

モノの指定席があるため、きちんと片づいている子ども部屋

POINT 5

収納・片づけ・整理・掃除・インテリアの区別は明確に

収納・片づけの前にまずはモノを整理する

「収納」「片づけ」の違いがわかったところで、ほかの違いも確認しておきましょう。

「整理」は持っているモノの使う目的をはっきりさせ、いらないとわかったモノを処分（リサイクルなども含む）すること、としましょう。

なぜ整理が必要か？　それは適量をオーバーしているからです。

例えば、観光バスの場合、左右2人ずつ座る席数が適量。それ以上の人が乗ると補助席を利用します。それでいったん収まりますが、いちばん後ろの人だけがバスから降りようとすると大変。補助席をすべて戻し、そこに座っていた人は総立ちです。そんなことをイメージすると、詰め込んでいっぱい入ったと喜んではいられません。だから、オーバー分を整理するのです。

つまり、「片づけ」をラクにするために「収納」を、「収納」をしやすくするためにいらないモノに出ていってもらう「整理」をするのです。収納・片づけ・整理、この3つが収納グループです。

よい収納は掃除もラク

「掃除」は収納とは別で、モノや場所についたホコリや手垢などの汚れを取り除く作業です。収納との違いは、言われてみれば当たり前なのですが、つい一緒のように感じる人もいます。それは、「片づけ」ながら、掃除をすることが多いからです。指定席に戻っていないモノが散らばっていたら、やむを得ず片づけと掃除を同時にしなければなりません。だから同じような気がするのです。

よい「収納」になっているといつも片づいているので、掃除をラクに短時間で済ませることができます。

「インテリア」は室内装飾。収納ができた人だけに楽しむ資格がある……と思いましょう。

収納

「コレはここ！」と
モノに指定席を与えること

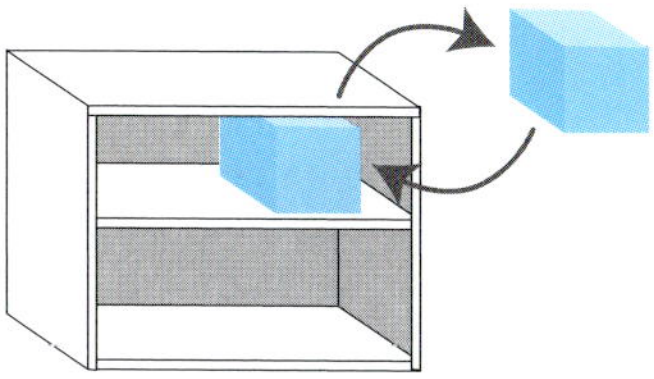

片づけ

使ったあと、同じところに
戻すこと

整理

使い道をはっきりさせ、
不要とわかったら処分すること

インテリア

室内装飾のこと

掃除

汚れを取ること

POINT 6

片づかない原因がわかった！建物や家具の問題と心の問題

片づかない原因を考えると大きく2つに分かれます。家や家具の問題と、心の問題です。

家や家具の問題

❶収納スペースが足りない

生活に必要な最低限のモノすら入れるところがなければ、床に置くことになるでしょう。それでは片づきません。入れ物（家具など）を増やし、指定席を確保します。

❷置きたい場所に収納がない

使うモノが使う近くになければ、出して使ったあと、戻すのが面倒で使いっ放しになりがちです。使うところの近くに置きましょう。

❸入れる場所と入れるモノのサイズが合わない

例えば、押し入れに本を入れることを想像してください。横にして重ねるしかありませんね。これでは読みたい本がすぐに取り出せません。モノそれぞれの基本のサイズがわかれば、押し入れにもキャスター付きの収納用品を用意するなど、よりラクに出し入れできる方法を決めることができます。

心の問題

❶捨てられない

いらないとわかっていても捨てられない。許容量を超えるとモノがびっしり詰まり、ますます片づけが面倒になります。

❷収納の方法がわからない

このパート1が収納の基本なので、これを読んでいただくと必ずわかると思います。

❸時間・体力（気力）がない

モノの出し入れには、時間も労力も必要です。戻す時間や気力がなければ、当然モノは出たまま。「片づかないのはそのせいかもしれない」と思ったら、時間を捻出する、体力をつける、モノを減らす、片づけをラクにするために「整理」と「収納」をがんばる、これが解決への道です。

片づかない2大原因

家や家具の問題

①収納スペースが足りない

②置きたい場所に
収納がない

③入れる場所と入れるモノの
サイズが合わない

心の問題

②収納の方法がわからない

①捨てられない

③時間・体力（気力）がない

POINT 7

「モノが片づく5つのステップ」で快適な整理収納をキープ！

前項で挙げた6つの原因をひとつずつ取り除きながら整理収納を進めるプログラムが、「モノが片づく5つのステップ」です。これは、暮らしや生活に変化があり、新しいモノが増えても片づいた状態を維持できる体質改善的な処方箋なのです。

家中が片づかず、「何から手をつけたらいいのかわからない！」と、途方にくれている人は少なくありません。そんな方々もこのステップを知り、順を追ってジャンプすることなく実行していけば、与えられた収納スペースや間取りの中でいちばん低い「収納指数」（P.14参照）の収納を実現することができます。

モノが片づく５つのステップを
実践した私。なんて
快適な暮らしなのかしら！

モノが片づく5つのステップ

STEP 1
モノを持つ基準を自覚する
必要なモノを見極めるために、
本当に必要なモノは何かを考えます

STEP 2
いらないモノを取り除く
必要なモノがわかったら、
それ以外の不要なモノを処分します
※ここまでが整理です

STEP 3
置き場所を決める
すべてのモノに「コレはここ」と
定位置を決めます

STEP 4
入れ方を決める
「コレはここ」と配置したモノを、
ラクに出し入れできるようにします
※ここまでが収納です

STEP 5
快適収納の維持管理
いつも定位置に収まっている状態を
維持します

モノが片づく5つのステップ

このステップに沿った収納を「キッチン」を例にして解説していきましょう。

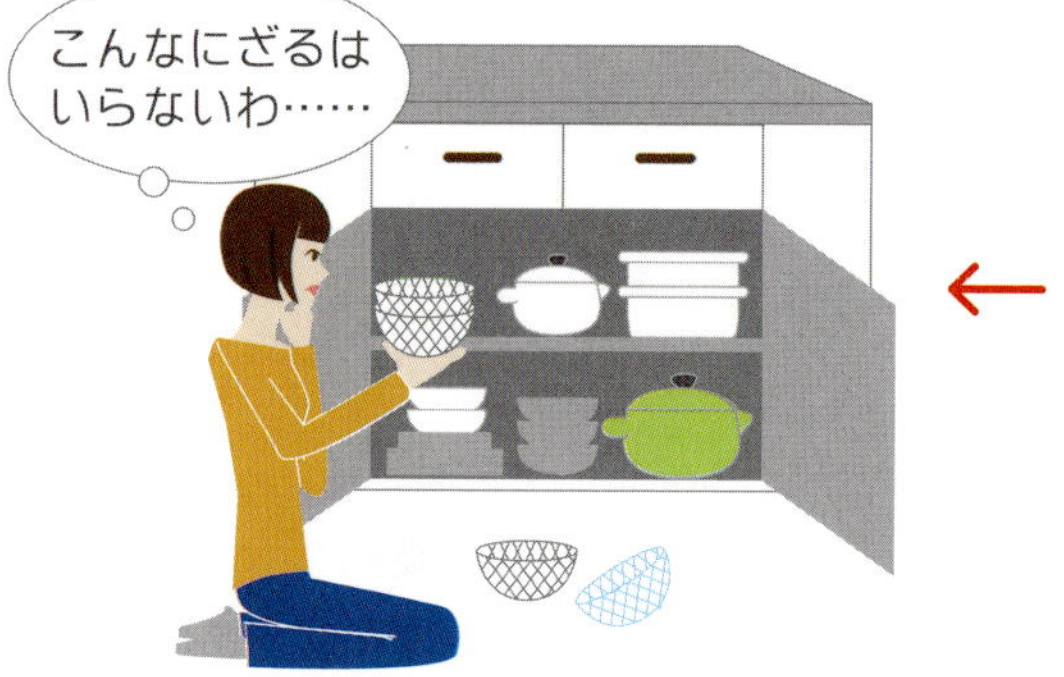

STEP 1

モノを持つ基準を自覚する

まずキッチンをスッキリ使いやすくするために、適量オーバーのモノを家から出さなければなりません。いらないモノを見極める基準は、キッチンの場合、どんな料理をするか、何がいくつあれば調理のときに困らないか……などを意識して考えます。例えば、同じ用途の鍋があれば、どちらかひとつに絞ります。ひとつずつ過去に手に入れた経緯、現在使っているか、未来は使うか、などを考えてみます。

STEP 2

いらないモノを取り除く

ステップ1で考えたことを基準に、実際に不要なモノを家から出します。まず、分別に合わせた数のゴミ袋と、リサイクル用の入れ物、「熟成箱」（P.29参照）を用意します。

収納で最も時間がかかるのがこのステップ。次のポイントを踏まえて、不要品を取り除きます。

❶今から15分だけ、と時間を区切る

そう考えれば、手を着けやすくなります。余力があればもっと続けましょう。

❷場所と範囲を限定する

たったの15分なので見極める範囲を限定しましょう。例えば、今回はシンクの下だけ、次は一段目の引き出しだけ、という感じです。

❸中から全部出さない

コツは間引きです。全部出して判断しようとすると、その間モノが出たままになるので、それを防ぐためです。

STEP 3

置き場所を決める

いらないモノを出したら、置き場所を決めましょう。

「収納指数」のうちの「歩数」が最少になるように場所を決めます。例えば、キッチンのシンクまわりに鍋、ボウル、ざる、洗い物に使う〝水絡み〟の道具を置くと、歩かずに調理などがスムーズに進みます。「ここにあれば便利」と思う場所が、自分にとっての正しい置き場所なのです。

「でも、その場所がふさがっていて入らない」、ということが往々にしてあります。だからこそステップ1、2でモノを減らし、置き場所をつくりやすくしていたのです。

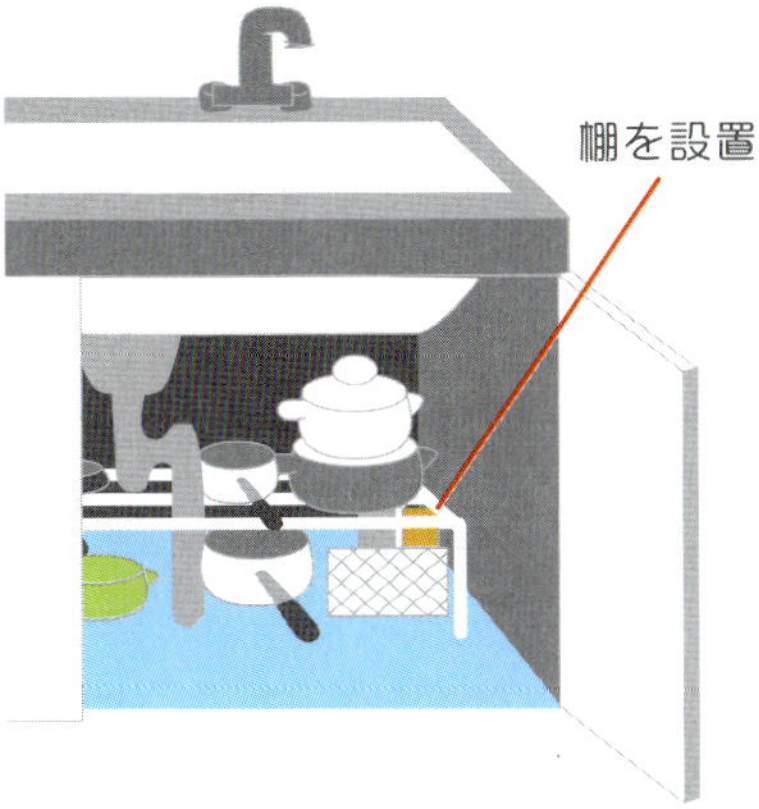

STEP 4

入れ方を決める

置き場所が決まったら、次は入れ方です。「収納指数」のうちの「アクション数」を最少にします。シンク下に必要な鍋類など調理道具を入れると、重なって取り出しにくいという場合、シンク下用の棚を使えば、鍋もフタをしたまま収納でき、扉を開ければすぐ取れるという状態になります。このように、すぐ使える、すぐ戻せる入れ方にします。

この本は（パート2から）主にステップ4の「入れ方」を説明しています。

STEP 5

快適収納の維持管理

ステップ4までで、出し入れがラクなモノの指定席が決まりました。それを維持していく方法です。

❶使ったら元の場所にすぐ戻す。これが鉄則です。

❷むやみにモノを買わない、モノをもらわないことも重要。

❸モノを買うときは置く場所をイメージし、置けない場合は、「ひとつ買ったらひとつ捨てる。それができなければ買わない！」くらいの決意をしましょう。

それでも散らかりだしたら

生活の変化で新しいモノが増えると、指定席がないモノが増えるため、重ねたり、奥に詰め込んだりして、出したモノが元の位置に戻らず、散らかりやすくなります。そうなったら、またステップ1から順に見直して、軌道修正をします。

このリピートをしっかり守って実行すると、モノが増えたからつい家具を買うなどという、無駄なことがなくなります。リピートする時期は、ライフステージの変化や引越しなど、人生のうちに何度も考えられます。でもこのプログラムを知り、実行することで、一生収納で悩むことがなくなるでしょう。

捨てられない人のために

「何を残し、何を捨てるのかわからない」、という方は、使っているモノをいったん箱にでも移動させてください。次は残ったモノを「熟成箱」に入れます。「熟成箱」とは捨てる気持ちを熟成させる箱です。この方法は、箱の中のモノをまた見直さなければならず、私が提案する方法としては王道ではありませんが、1カ所でも取り出しやすくなってスッキリした！という快適さや達成感を味わうためには有効です。

思い出の品はどうするの？

使わないのにどうしても捨て切れないモノに、思い出の品があります。私の場合、子どもが幼稚園のときに使っていた弁当箱や食器などです。思い出の品にはその頃を思い起こさせるという役割があるので、置いておける場所が許されるならムリに捨てることはないと思います。モノ全般にいえることですが、場所がない場合は捨てる前に写真に残しておくと、その当時のことを思い起こすことができます。

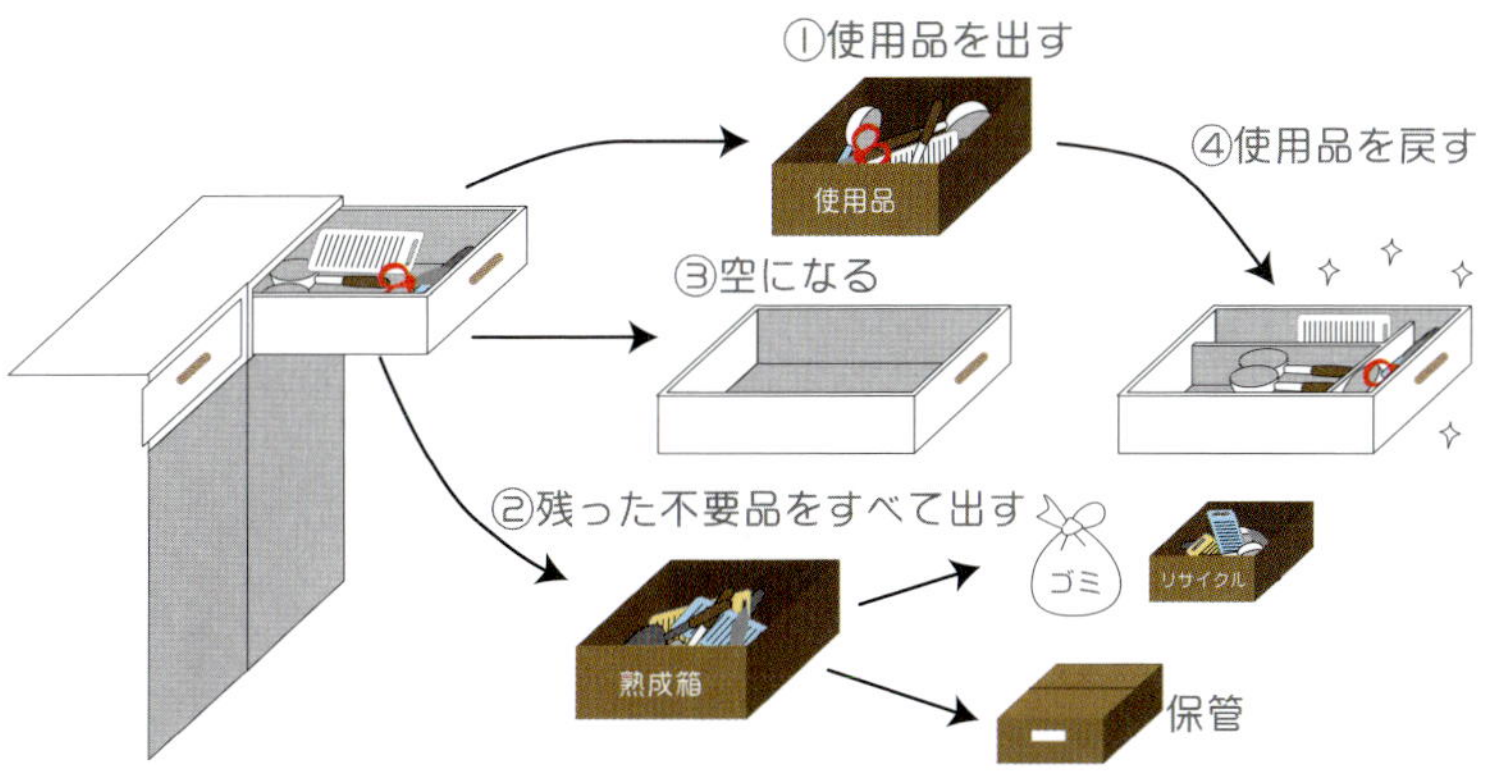

コラム

「見える収納」と「見せる収納」は違う！

どちらもモノが見えるのですが、それぞれ目的が違います。

「見える収納」は、頻繁に使う、またはとっさに使うモノの収納です。本来は見えないようにしたほうがスッキリするのですが、見えていたほうがすぐ取れるし、すぐ戻せます。また、薬やサプリメントなど、見えていなければ忘れてしまいそうなモノも見える収納が適しています。

「見せる収納」は飾ることが目的です。だから収納ではなく、インテリアの仲間と考えます。

例えば、リビングに置くサイドボードを買うとき、ガラス扉にするか、見えない扉にするか迷ったら、収納とインテリアのどちらが目的なのかを明確にします。ガラス扉の場合は、美しく見せるために収納量は減ることを承知しておきましょう。

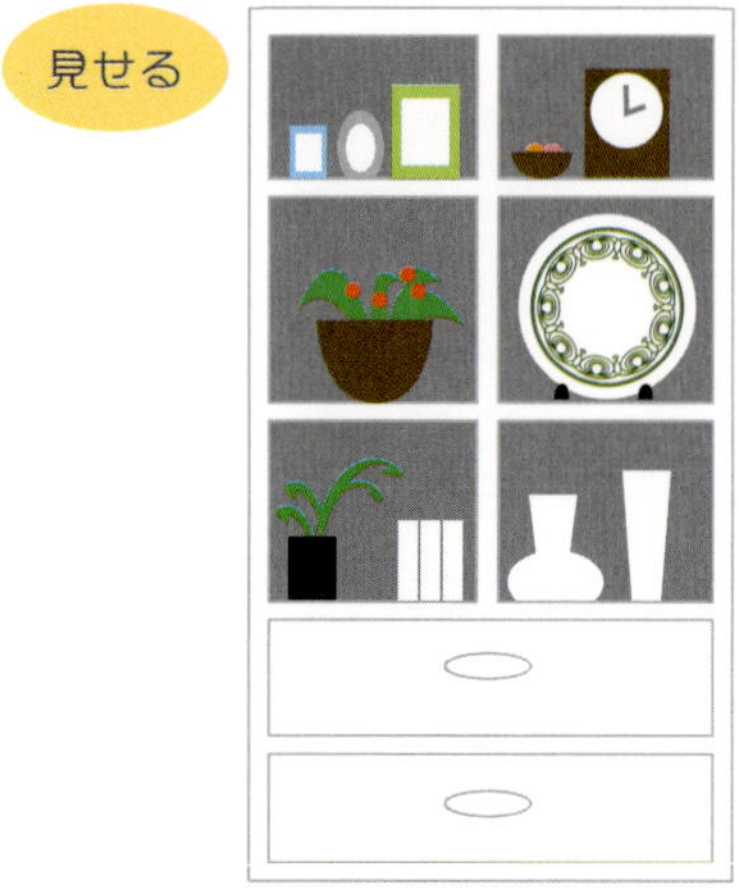

PART 2

部屋別 収納のポイント

部屋別
Room Type

玄関まわり

いつ、誰が来ても困らない清々しい玄関に

玄関は、いつ誰が来ても清々しい空間に見えることが重要です。

しかしながら、カウンターにはポストから持ってきた郵便物やキーホルダー、玄関先で使う園芸用品など、靴に関係のないモノが多くあり、雑然としがちです。それは、中途半端に置いているのが原因ではないでしょうか？

一時的と思っていても、実は「常にここにないと不便」なモノかもしれません。そう思ったら、きちんとそれらに指定席を設けておきましょう。

収納のポイント

その1
履かない靴を見直す

下駄箱に普通に並べて入る数が適量。基本は、その数しか持たないことです。まずは、履かない靴があるかどうかを確認します。次に、足に合わないなど、履きたくなかった理由を考え、もう履かないとわかったら処分します。

その2
すべての靴がすぐ見える、出せるように置く

靴は素直に下駄箱に並べて置くのがベスト。1を実行して靴を処分したら、並べられるかもしれません。

その3
置いておかなくてもいいモノは移動

常時、玄関に置く必要のない多すぎる傘は廊下収納に、月に1度くらい使用するようなゴルフバッグなどは書斎など、状況に応じて別の場所に置けば、いつも玄関がスッキリします。

その4
つい玄関に置いてしまうモノには、きちんと指定席を与える

玄関に置くべきではないのに、気づくといつも置いているというモノはありませんか？　よく置きっ放しにしてしまいがちなモノ、例えば郵便物やキーホルダー、印鑑などは、「ここにあると便利」なモノなのです。それらに指定席を設けることで、置いたままでもスッキリ見せることができます。

Entrance

靴

玄関まわりのアイテム 1

靴は下駄箱に素直に並べられる量しか持たないように

置き場所&入れ方

靴は素直に下駄箱に並べる。ブーツは幅が狭い場所に、棚の高さを調節して置く

不要な靴を処分したのに、あと1足がどうしても下駄箱に入らない！ というときは、靴の向きを交互に変えます。

Ⓐ 前向き、後ろ向きを交互にして並べると、入ることがあります。

Ⓑ 棚に奥行きがあれば、さらに前後にずらして置くとより多く入ります。

また、靴用の収納グッズも便利です。いろいろな種類があるので、適したものを選びましょう。ブーツは素直に立てるのがいちばん。収納グッズを活用して効率よくしまいましょう。

収納グッズを活用しよう

シューズホルダー

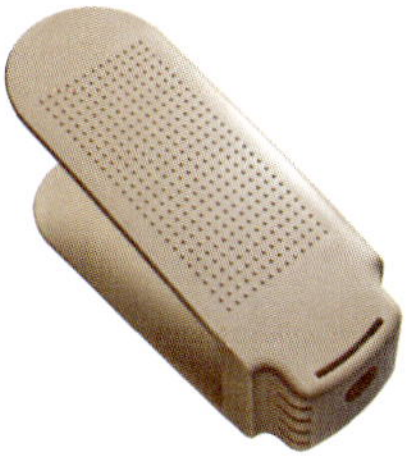

靴用の収納グッズには、男性用と女性用、ショートブーツ用、スニーカー用などさまざまあり、無駄なスペースを使いません。右の写真の収納グッズは靴の取り出しがスムーズで、私のイチオシのグッズです。しかしながら、これだって出し入れは結構面倒なもの。たくさん入るからといって、どの靴にも使いだすと、結局下駄箱にしまわなくなります。出番が少ない冠婚葬祭用の靴などに使うようにしましょう。

ブーツスタンド

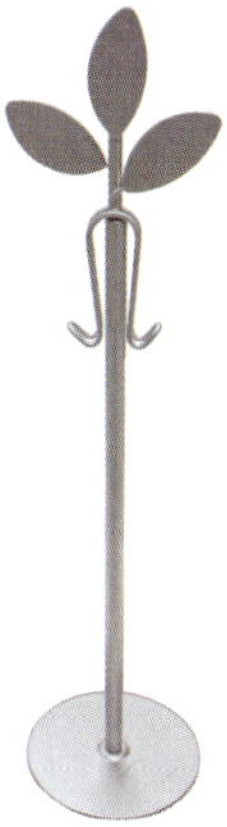

ブーツをシャキッと立たせるブーツ専用スタンドの一例。このほかにも、消臭機能付きや乾燥剤付きのものなどもあります。インターネットや通販の本でいろいろな種類が紹介されているので、ブーツに合わせて選びましょう。

靴の箱を加工する

中身が見えて出し入れしやすいよう、イラストのように靴の箱を切って、中に折り込みます。こうすれば箱も丈夫になり、数個の箱を重ねて収納できます。あまり履かないけれど捨てられない靴などにおすすめです。

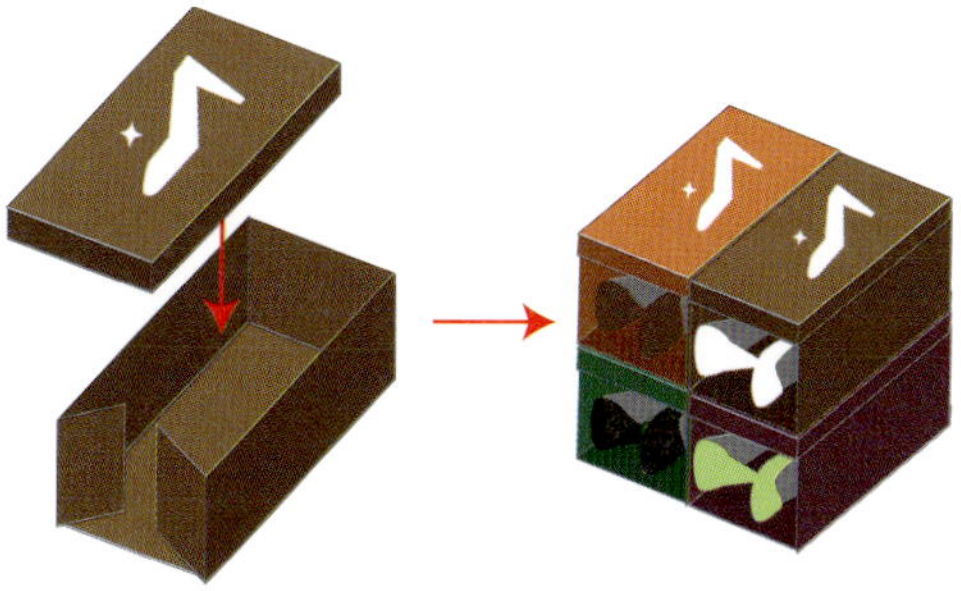

Entrance

玄関まわりのアイテム2 スリッパ・傘

スリッパも傘も下駄箱に入れれば玄関スッキリ！

置き場所&入れ方

スリッパは靴と同じように下駄箱に並べて置く

スリッパはスリッパラックにと思い込んでいませんか？スリッパは下駄箱の棚の高さを調整すれば、省スペースで入ってしまいます。少ない数なら平置きにしましょう。平置きで入らない場合は、写真のように左右の裏を合わせて立てて並べます。

スリッパラックがなければお掃除もラクですし、玄関もスッキリと見えます。

ただし、常に人が出入りしてスリッパを頻繁に使う家では、脱いだり、履いたりする度に下駄箱の扉を開けるのは面倒なので、すぐ出し入れできるラックを使うほうが便利です。

傘収納のポイント

その1 傘はつるす、立てる

折りたたみ傘は側面にフックをつけてつるします。雨傘の必要数は長い傘、折りたたみ傘それぞれひとり1本が適量。そのほか、来客にそのまま渡してもいい予備の傘を2本ほど用意しておけば安心です。

その2 傘立てはコンパクトに

コンパクトな傘立てなら、使わないときは下駄箱に入るので、狭い玄関におすすめです。ちなみに、これはステンレス製で、重量があるため傘を立てても倒れることがありません。私はこれを十数年使っています。

その3 折りたたみ傘は棚に置いてもOK

折りたたんだ丈が短いものは、棚に置くだけでもいいのです。フックがなく、つけるのが面倒な方はこれでもOKです。

Entrance

郵便物

玄関まわりのアイテム 3

ポストから持ってきたモノをつい玄関に置いてしまうなら、一時置きトレーを用意しましょう

置き場所&入れ方

玄関のインテリアに合い、A4判の本も入るサイズで、あまり深くないトレーに入れる

大人が多い家は、玄関にトレーがあると便利です。帰ってきたら、そのトレーをチェックし、自分宛ての郵便物を忘れず自分の部屋に持っていくようにします。

郵便物はハガキサイズだけでなく、A4判も少なくありません。また、深さがあると溜めてしまう心配があるので、A4判の入る5〜6cmくらいの浅めのトレーがちょうどいいようです。

つい郵便物を玄関に置いてしまう、という人もお試しください。なかなか便利なものです。

クイック収納の知恵

外出時に持っていく手紙やメモなども玄関に

届いた郵便物のほか、逆に外出するときに出すもの、例えば投函する手紙や買い物のメモ、通販で買い物をしたときの振込み用紙など、忘れてしまいそうなものを置くのにも便利です。届いたものと出すものの両方を置く場合は、スタッキングトレーを2段にして使えば、スペースをとりません。

Entrance

玄関まわりのアイテム 4

カギ・印鑑

カギや印鑑も玄関の収納物。
玄関に指定席をつくりましょう

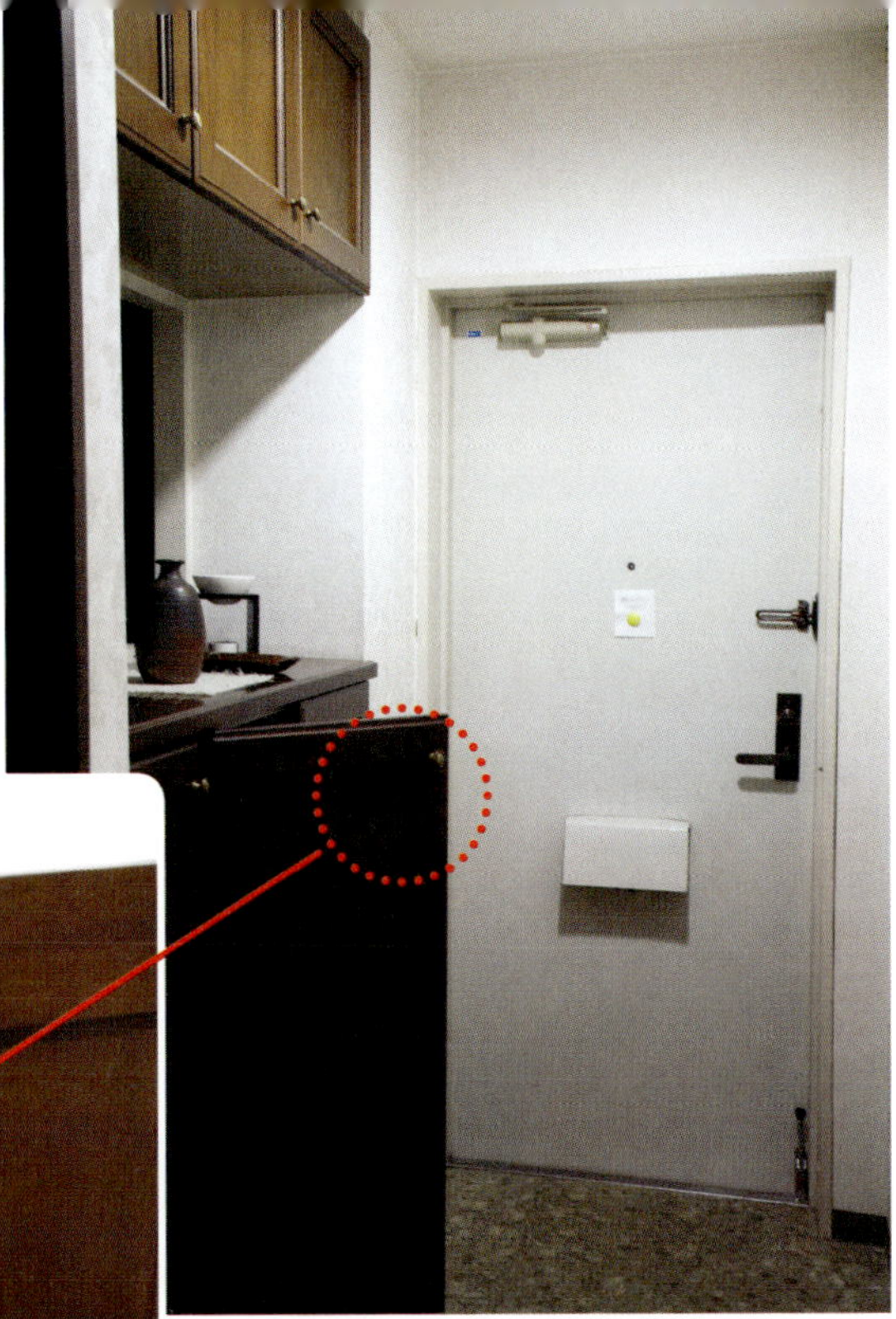

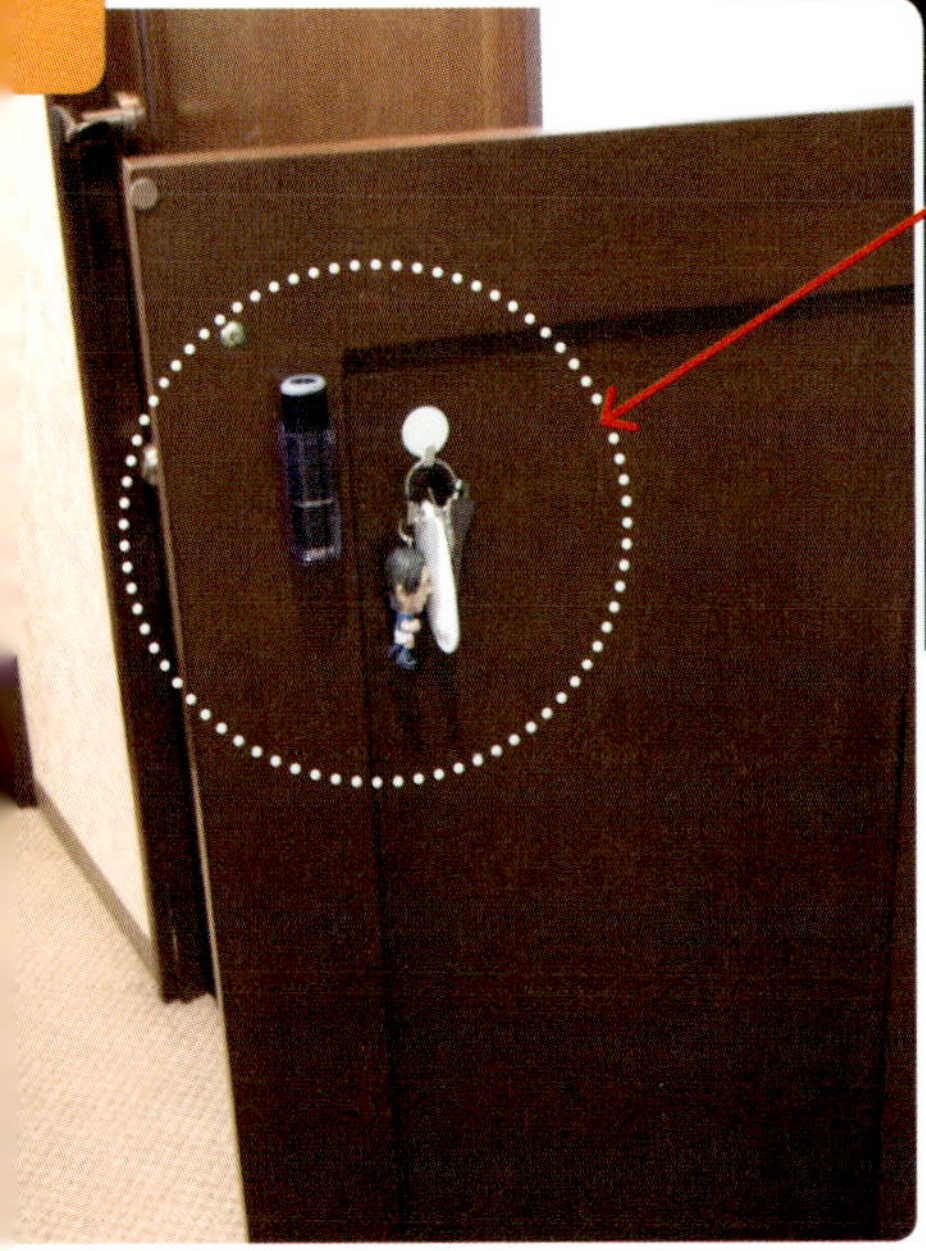

置き場所&入れ方

靴箱の扉の裏につけたフックにキーホルダーと印鑑を

掛けたいキーホルダーの数だけフックを取りつけます。粘着式のフックでも十分です。印鑑は、もともと入っていたプラスチックのケースをそのまま利用。ケースに平らな一面があれば、両面テープを貼って扉につけ、そこに印鑑を入れます。私はこうしてもう10年以上使っていますが、まだはがれて落ちたことはありません。

Entrance

玄関まわりのアイテム5 コート・上着

リビングの入り口近くなど、よくコートを脱ぐ場所に置き場所をつくりましょう

置き場所&入れ方

帰宅直後、目につくところに置いた一時置き用のハンガーラックに掛ける

「帰宅したらまずリビングに入り、そこでジャケットやコートを脱ぐ」という行動は少なくありません。でも、そうしていると、リビングが散らかります。

これを防ぐには、「脱ぎっ放し」をきちんとした収納にすればいいのです。いちばんの理想はリビングに入ってきた動線上に、リビングにスペースがなければ玄関ホールに掛ける場所を設けます。

Question! 先生おしえて コート掛け置き場がなかったら？

玄関にスペースがなければ、廊下や階段の上がり口の壁などに、フックを取りつける方法もあります。住まいの事情に合わせて、すぐにコートを掛けられる場所を探しましょう。

ドア掛け型

壁掛け型

壁やドアにフックを取りつける

フックを取りつけられる壁の位置を確認し、ビスでしっかりと留めましょう。ハンガーもフックのデザインに合うものを選び、常に掛けておくといいでしょう。

キャスター付きで、バッグやカバンも一時的に置けるタイプ

掃除のときなどに動かせるキャスター付きがおすすめ。また、コートを脱ぐときはカバンも置くことが多いので、カバンの一時置きがついているタイプも便利です。

凹のスペースを設けたコート掛け

家の設計段階でコートハンガーを計画する

これから家を建てる人は、設計の段階からコートや上着用のスペースを設けておくといいでしょう。

コラム

どうしても下駄箱に入りきらない靴はどうすればいいの？

本当にもう履かない靴がないいか、もう一度確認！

どうしても下駄箱に並びきらない場合は、使用頻度に合わせて収納グッズを使ったり、購入したときの靴の箱を加工したりして、工夫します。それでも、下駄箱にこれ以上置けないという場合は、廊下収納やほかの部屋の押し入れ、クローゼットの下などに収納します。

ただ、たとえ多く収納できてもマメにチェックしない人は、「見えない場所に置いていると忘れるかもしれない」という意識を持って収納したほうが無難です。

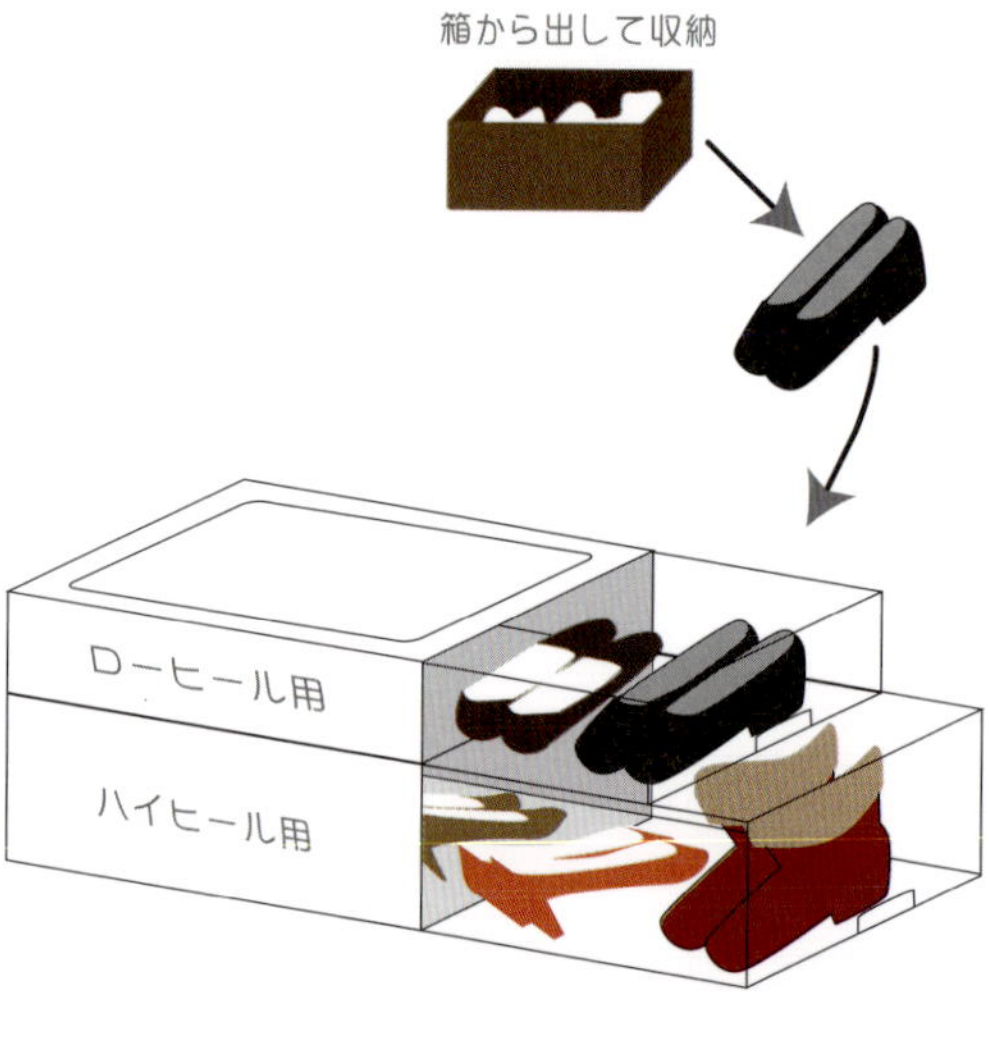

収納ケースに入れる

引き出し式の収納ケースを用意し、そこに靴を直接並べて入れます。引き出しを引くだけで、手持ちの靴がわかります。靴を交互に入れると、たくさん入ります。

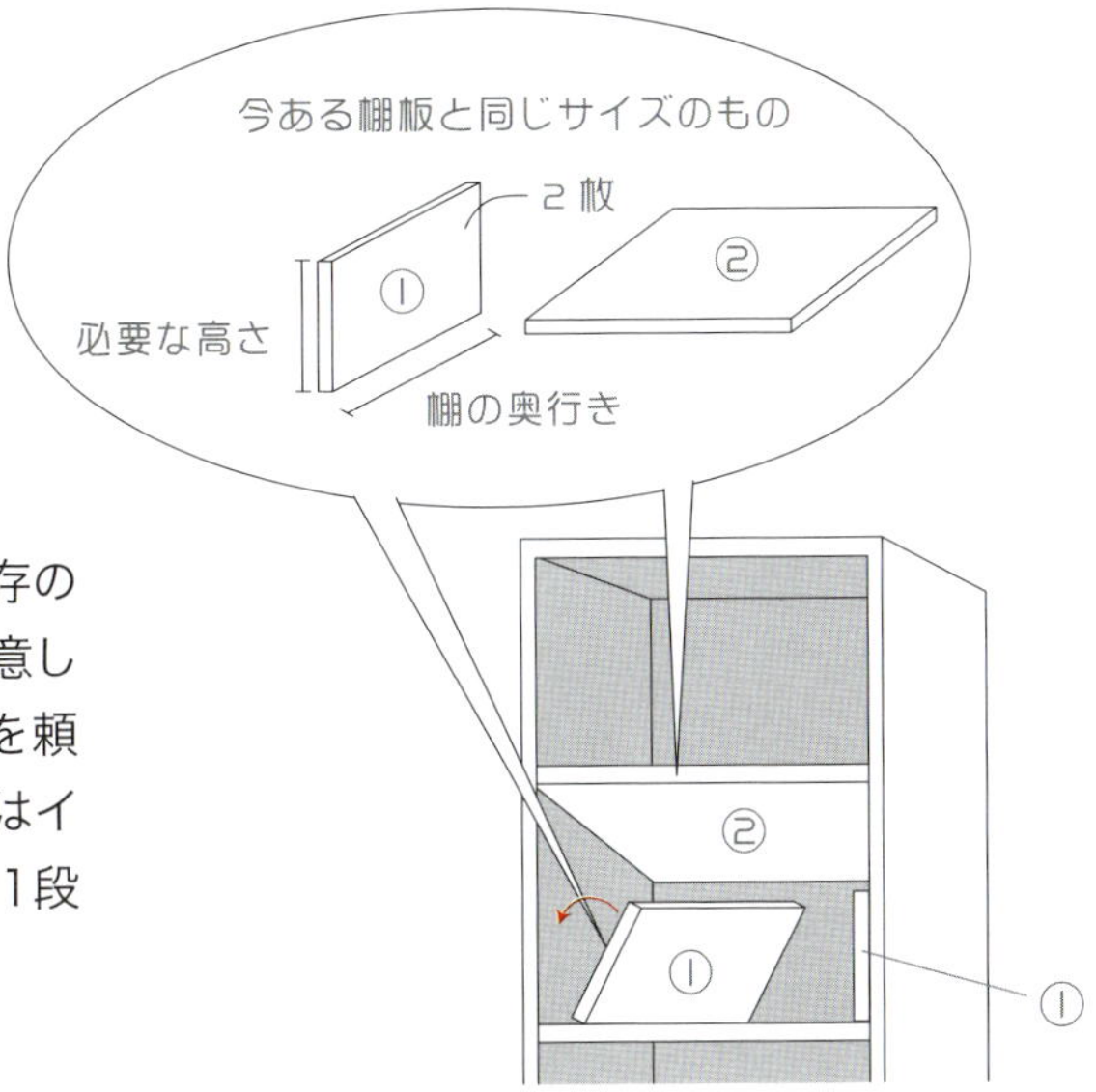

棚板を増やす

棚板が足りなければ、ダボピンと、既存のものと同じサイズにカットした棚を用意します。DIYセンターによってはカットを頼むこともできます。ダボ穴がない場合はイラストのように、3枚ワンセットの板で1段増やすこともできます。

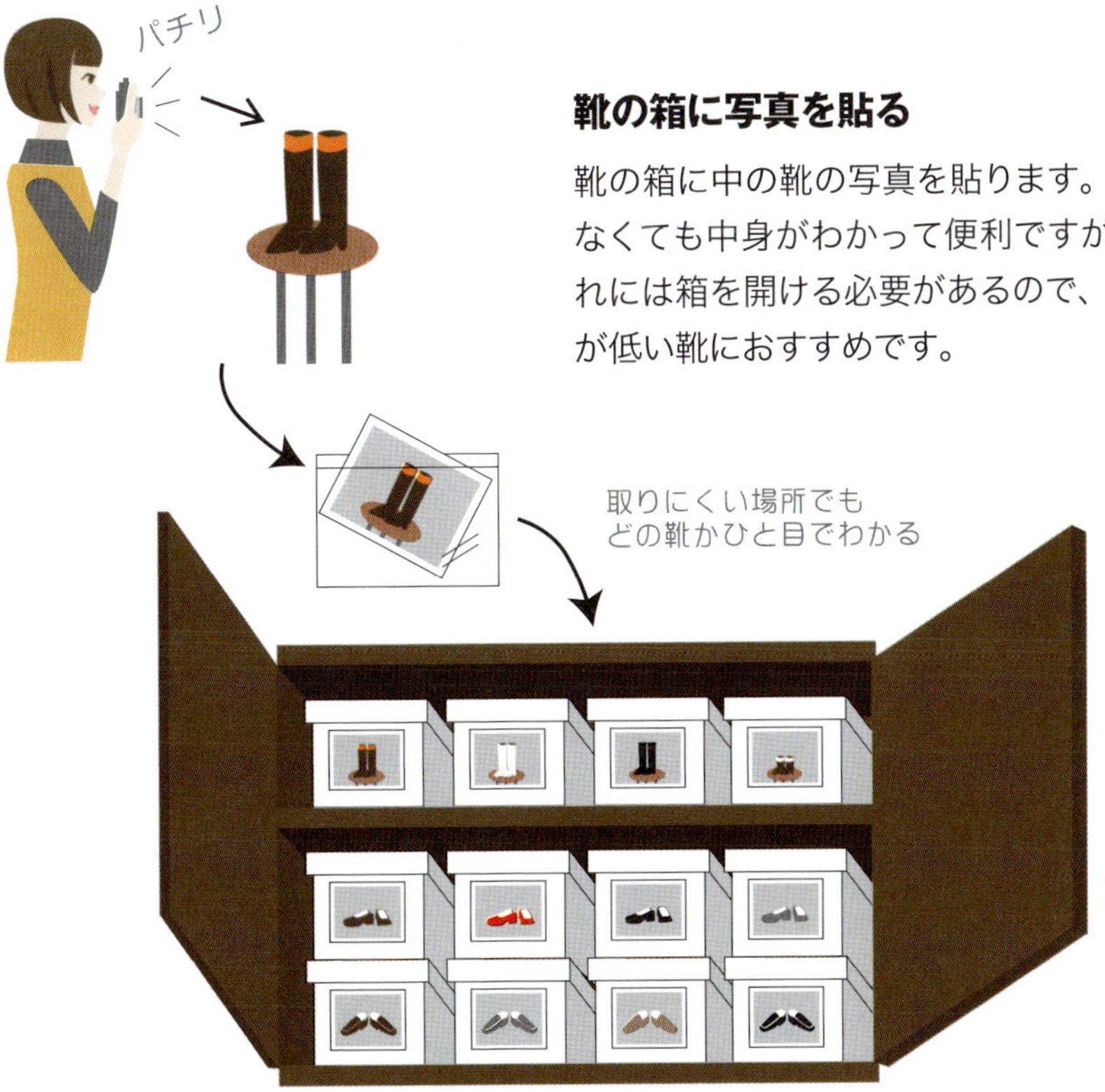

靴の箱に写真を貼る

靴の箱に中の靴の写真を貼ります。箱を開けなくても中身がわかって便利ですが、出し入れには箱を開ける必要があるので、使用頻度が低い靴におすすめです。

部屋別
Room Type

リビング

モノが散らばっていても、30分あれば片づくリビング収納を目指そう!

リビングはいつも心地よい空間にしておきたいものです。しかしながら、いちばん散らかりやすく、思うようにならない部屋でもあります。それは家族がさまざまな行動をとり、それらに使う道具が散らばるからです。

そこで、たとえ散らかっていても、30分もあればスッキリ片づく、というリビングにしてみませんか?

そうすれば、「いつでも人をお呼びできる家」も夢ではありません。心地よい空間には人が集まり、ゆとりある時間が生まれます。

収納のポイント

その1

みんなが使うモノは 0《ゼロ》アクション収納に

筆記道具やハサミ、ホチキス、爪切りや耳かきなどは、使う場所に指定席を設けます。それも、すぐ取り出せる0《ゼロ》アクション収納にして、使いやすく、戻しやすくしましょう。

その2

モノの「家」は 1カ所とは限らない

例えば、爪切りやハサミなどは、ソファーやダイニングなど、さまざまな場所で使いませんか？ その場合、じゃまにならないサイズであれば、使う場所ごとに配置します。そうすれば、戻すのがラクなので置きっ放しにすることがなくなり、探し物もなくなります。

その3

みんなが使う生活雑貨と 個人のモノの指定席を設ける

リビングでは、子どもが宿題をする、主婦がアイロンを掛けるなど、考えてみると実にさまざまな行動をしています。それらに使うモノを収納する場所がないため、散らかりやすくなるのです。住まいの状況に合わせて、その置き場所を設けましょう。

コラム

リビングが片づく便利な生活の棚を！

廊下の物入れ、階段下などあちこちに置いていたモノをまとめて収納

一般的にリビングは、広さ、室温の面からも、家の中でいちばん過ごしやすい環境がととのっています。だから、アイロン掛けも荷づくりも、リビングでしたくなります。その行動から考えると、リビングに収納するのが理想のモノがとても多いのです。

しかし、そのサイズや形はバラバラ。それらをスッキリと、場所をとらず、見やすい状態で収納する方法は棚収納です。

棚を次のページのように4通りで使い分ければ、すべてのモノを最大2アクションで取り出すことができます。

便利な生活の棚の使いこなし方

●棚＋ボックス

掃除用具、電池や電球といったように、分類してボックスに入れます。入れ方は重ねないことが重要です。棚の間隔を調整すれば、立てて収納できます。

●直置き

アイロンや除湿機など、大きいモノは直接棚や床に置きます。

●棚＋スタンド

紙袋やバッグなど、倒れやすく自立しにくいものは、スタンドを使うと必要なモノがすぐに見つかり、ほかのモノを乱さずに出し入れできます。

●棚＋引き出し

薬や部品など細かいものをひと並べにするときは引き出しです。小さいモノには浅いもの、高さがあるモノには深いものを選びます。

箱の上に余裕をもたせると扉を開けるだけで中身が見えます。

＋α のアイデア

壁スペースも有効に活用！

空いた壁にフックをつける。ひとつのフックにひとつのモノをつるすと、1アクションで取り出せます。

手本にしたい
収納のコツ 1

乾いた洗濯物を気楽にたたむ方法

洗濯物を取り込むときから、家族別に分けておくとたたみやすい

外に干した洗濯物は、時間がくるといやおうなしに取り込まなければなりません。その場ですぐにたたむ時間がないと、「ああ、たたまなければ……」と横目で見ながら過ごすことが多くなります。そんな方におすすめの方法です。

まず、家族の人数分のカゴを用意します。タオル類や洗濯ネット、足拭きマットなどは自分用のカゴに一緒に入れてもいいし、量が多ければ、プラス1個用意します。

カゴは、取り込む場所に置きっ放しになることが多いと思うので、重ねられる体裁のよいものを選びましょう。サイズは底が面積30×40㎝以上あると、服に寄るシワが少なくてすみます。入れるときは、「ふわっ」と入れるように心がけます。

そのカゴを各自が自分の部屋に持っていき、自分でたたんで片づける……これが理想です。主婦の仕事はかなりラクになります。

主婦が全員の分をたたまなければならない場合も、振り分ける必要がないので、テレビを見ながらでも気楽にたたむことができます。

洗濯物を家族別に取り込みます。

カゴから洗濯物をいったん出し、たたんだ服はまた同じカゴに戻します。

各部屋に運ぶときも、最初に置く部屋のカゴをいちばん上にするように、回る部屋の順番を考えて重ねれば、何度も行ったり来たりしなくてもすみます。

手本にしたい
収納のコツ 2
リビングにおもちゃの指定席をつくる

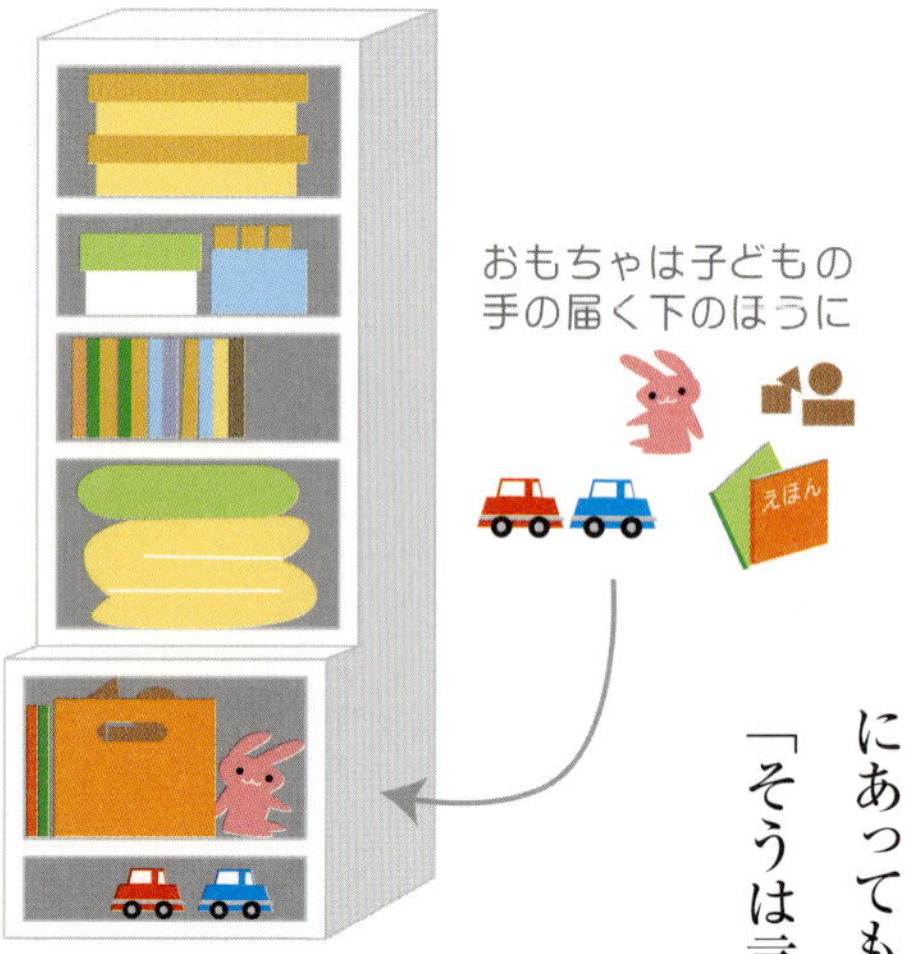
おもちゃは子どもの
手の届く下のほうに
えほん

低学年くらいまで、おもちゃはリビングにあって当然

子どもは低学年頃までは、お母さんのいるところで遊んでいたいものです。だから、おもちゃがリビングにあってもいいのです。

「そうは言ってもこの散らかった状態をどうにかしたい」

という方、リビングにおもちゃの置き場所がありますか？

子ども部屋があるから、そこに収納するべきと考え、リビングにおもちゃの収納場所を設けていないケースがよく見受けられます。だから散らかるのです。

子どもが生まれてから10年近くリビングにおもちゃがあることを考えると、その場しのぎの収納は手間が増えるだけです。例えば、イラストのような下部の奥行きが40cm、上部は30cmで、棚板が可動式の家具を用意したら、大きい積み木の箱は下段に、絵本は奥行きがありすぎると取り出しにくいので上段にと、出し入れしやすくすると、子どもが自分で片づけられるようになります。

持っているおもちゃが全部入らないケースのほうが多いでしょう。その場合は、子ども部屋に残りを置いて、ときどき交換して遊ばせるようにします。そして、子どもが大きくなり、子ども部屋を使うようになったときに、その棚を子ども部屋に移せば、また便利に使えます。

子どもの健全な成長を考えれば、多少雑然としたリビングになっても「それもよし」と割り切ることも必要です。

コラム

リビングはできるだけ「ゆとり」のある空間に

○上部が空くとスッキリ！　×天井までびっしり

片づいているのにどうしてスッキリしないの？

「我が家のリビング、散らかっていないのに、なぜかスッキリしていないのよね」と思っている方は少なくないようです。それは、モノが増える度に、手ごろに買える収納用品や小ぶりの家具を買い求めるからです。ポロポロ買うためデザインも材質もバラバラなので統一感がないのです。

長年、「あー、もう、スッキリさせたい！」と思っている方は、壁面に家具をまとめれば、少ない床スペースで収納量も確保できます。

収納量とゆとりの空間、どっちが大切？

壁面収納も高さを抑えると部屋にゆとりが生まれ、収納スペースも出し入れしやすい位置にあるので有効に使えます。

しかし、「いやいや、収納は多いほどいい」と考え、天井までの壁面収納にすると、圧迫感があり狭く感じられます。とりあえずあると便利かしら……程度の必要性なら、天井まである棚はやめたほうが無難。脚立に上ってまでの出し入れはしないものです。結局、入れたことも忘れているのが一般的です。

部屋別
Room Type

ダイニング

ダイニングで使うモノはダイニングテーブルのそばに収納

ダイニングルームは、写真のようにリビングルームと兼ねている場合と、ひと続きの空間で、ダイニングコーナーとリビングコーナーに分かれている間取りなど、いろいろあります。どちらの間取りも、どの位置で、誰が、何をしているかを把握して、それに使うモノを即座に出し入れできるようにしましょう。

「出して使ったモノは、5秒以内で戻せる」ことを目標に！

収納のポイント

その1 食事に使う調味料やお箸は食事中に立たずに取れる場所に

「いただきます！」と言ってから「あっ！ お醤油がない」などと気づいたとき、また立つのはいやですよね。立たなくてもすむような収納を実行しましょう。

その2 お菓子にも置き場所を用意

意外に困るのがお菓子の置き場所。子どもが小さい場合は、食事が進まなくなるので見えない場所など、事情に合わせて置き場所を決めましょう。その心配がない場合は、キッチンにしまい込むと忘れてしまうので、常にチラッとでも見える場所に置くと便利です。

その3 ホットプレートや卓上コンロはテーブル近くに収納

ダイニングテーブルに置いて使うモノは、キッチン内に収納しなくていいのです。ダイニングコーナーに収納場所があれば、そこに入れてみましょう。家族にセットしてもらいやすくなります。

その4 文具の置き場所もテーブルまわりが便利

ダイニングテーブルでメモや書き物をすることもよくあるでしょう。それらに使う筆記用具も、座ったまま手を伸ばせばすぐ取れる場所に収納します。0《ゼロ》アクションの見える収納がラクチンです。

その5 雑誌や書類のファイルなどの本棚も必要

家族がなにかと集まり、新聞や雑誌、郵便物などを広げるのもダイニングテーブルというのが一般的。だから、それらを置く本棚もできるだけテーブルの近くに用意しましょう。テーブル上に出ていても、サッと片づけられます。

Dining

ダイニングのアイテム1 カトラリー

毎食使うお箸類は、テーブルのそばに！

置き場所&入れ方

「食卓についてからでも手が届く」位置に、使うモノを揃えてカゴに入れて置く

毎食使うお箸やスプーンをまとめてテーブルのそばに置いておけば、何度も取りに行かずにすみ、とてもラク。お箸立てに立てて入れるよりカゴに入れたほうが場所をとらず、いろんな場所に置けます。

写真のように長めの布を敷き、使用後は布をかぶせておけば、ホコリの心配もありません。見える場所に置くことになるので、カゴや布は見た目も考えて用意しましょう。

「我が家は見える場所に出しておかなくても問題ない」という場合も、スプーンやフォーク、お箸類を、カゴに入れた状態で引き出しや棚に置いておくと便利です。使うときにカゴごと運べば、選んだり数えたりする手間が省けます。

Dining

ダイニングのアイテム 2

食卓用調味料

食事時によく使う調味料も、ダイニングテーブルの近くが便利

置き場所&入れ方

食事をしながら使う調味料を片手で持ちやすい形のカゴなどにまとめて入れる

　食事の最中に立つのは億劫なものです。醤油、塩、コショウなど、食事時に必要となることが多い常温保存の調味料をテーブルのそばに置いておけば、ひと手間で使えます。調味料だけでなく、コーヒーに使う砂糖やミルク、コーヒースプーン、つまようじなど、自分なりに「一緒にあれば便利」というものもまとめて入れます。とにかくラクなことを考えると、よい収納になるのです。

クイック収納の知恵

アクリル板でお手入れもかんたん！

調味料を置くと、液だれも考えられます。たれても心配ないように底の形に合わせてアクリル板をカットして敷きます。最初のこのひと手間が重要！ 平らではない籐のカゴの底の場合、アクリル板を入れることで安定感も増します。

Dining

ダイニングのアイテム 3

お菓子

お菓子にも指定席を用意しましょう

置き場所&入れ方

お菓子を食べる場所に、中身が少し見えるようにしまう

3食の時間以外に食べる「おやつ」の置き場所は決まっていますか？ 収納カウンセリングでお宅に伺うと、キッチンやダイニングのあちこちからお菓子が出てきます。よく見ると賞味期限が切れていることもしばしば。

それは「お菓子はココ」と場所やスペースを決めていないからです。「お菓子を食べたいな〜」と思う場所に、中身がちょっと見える程度の入れ方にして置いておくと忘れることがありません。

ただし、小さな子どもがいる場合は、見えるところに置くと勝手に食べて、ごはんを食べないということも。その場合は、臨機応変に違う場所を考えましょう。

手本にしたい収納のコツ 3

万能なワゴンが1台あると便利！

上段

いつも見えている場所なので、毎日飲む薬やポット、ティッシュペーパー、筆記用具などを置くと便利です。自分なりに便利だと思うモノを置きましょう。

下段

中身が少し見える高さのカゴにお菓子を入れています。いただいたお菓子の箱を置くスペースもその横に確保。

中段

食事時に使うお箸などのカトラリー、食卓用調味料をここに入れています。

「ダイニングテーブルまわりに棚があると便利だとわかっていても、置く場所がない」という場合でも、ワゴンなら置けませんか？

ワゴンなら食事のときだけ手の届く位置に移動させることもできます。写真のワゴンは、上段は食事関係のモノにかかわらず、テーブルで使う筆記用具などものせています。中段はトレーになっているので、取り出すときだけスライドさせます。お箸や調味料が丸見えにならず、ホコリもかぶりにくく安心です。

ワゴンは、間取りやスペースに合わせて、サイズやデザインを選びましょう。このようなワゴンが1台あると、座ったままいろいろ取れるので、なかなか便利なものです。

Dining

ダイニングのアイテム4

ホットプレート・カセットコンロ

ホットプレートやカセットコンロは、実際に使うダイニングに置きましょう

置き場所&入れ方

ダイニングテーブルに直接置いて使うモノは、ダイニングコーナーに置いておくとセットがラク

大きいホットプレートやカセットコンロはキッチン内に置けない場合もよくあります。ダイニングに置ける場所があれば、箱から出してすぐ使えるように置きましょう。そのほうが、使いたいモノが使う場所にあり、すぐ使えます。

冷蔵庫の上に置いているのをよく見かけますが、ダイニングのほうが出しやすく、家族もセットを手伝いやすくなります。

カセットコンロをシンク下に置く場合

一緒に使うモノをセットにして収納

カセットコンロと同時に使うモノ、例えば土鍋をセットにして収納するのもおすすめです。そうすれば一度に両方取り出せます。

奥行きのあるシンク下でもOK

サイズが大きいホットプレートの収納には、奥行きが必要。ダイニングに置けない場合、キッチンのシンク下は奥行きが広く、問題なく入ります。すでに違うモノが置いてあっても、置き場所をやりくりすれば入るものです。

そのほかのシンク下収納のポイント

Ⓐ 入れる場所に困るすりこぎ棒はつるす

長くて収納しにくいものをつるすと出し入れがラクなので、側面も利用しましょう。扉裏のように、開閉の度に揺れてぶつかることがないので安心です。

Ⓑ 使用頻度が少ない大きなモノを奥に

奥のほうの側面には、出番が少ないものを立てかけます。写真はまな板。この程度のスペースがあれば、かなり大きなお皿も立てて収納できます。

Ⓒ 棚板の高さを調節してお盆の指定席を

棚板の高さを調節できるシンク下収納棚を選べば、スペースを有効に使いつつ、出し入れしやすい指定席をつくれます。

手本にしたい収納のコツ 4

家族別の棚を用意する

ダイニングやリビングには個人専用収納も必要

モノには、「持ち主が決まっているモノ」と、常備薬など「持ち主が決まっていないモノ」があります。持ち主が決まっているモノは自分の部屋で管理するのが基本ですが、本やゲームなど、ある期間ダイニングやリビングに置いたままにしたいモノがあります。それらの置き場所がなければ、当然あちこちにモノが散らばります。そして「あれ、どこにやったの」が始まります。そのようなことが起こらないように、ダイニングやリビングにも個人の持ち物用の「家」を用意しましょう。

ダイニングテーブルで使うモノが多いようであれば、テーブルから手の届く場所に、左のイラストのような「家」を設けるのが理想的です。

扉のないオープンの棚家具がおすすめ

「収納場所を用意したのに、また出しっ放し」とならないように、出し入れが億劫にならないオープン棚（棚板可動は必須）がおすすめです。サイズは、それぞれの家で置けるサイズに。以前、我が家でも子どもがいた頃は、幅80×奥行き30×高さ85㎝の棚家具を使っていました。圧迫感を感じない場所なら、高さが1.8ｍくらいの本棚でもいいのです。

家族分＋みんなが読む新聞や地図など、家族共有収納場所も1段設けます。ほかの人の場所が空いていても「入れない」また「入れさせない」というルールを決め、守るようにします。自分の収納場所に入り切らなくなったら、自分の部屋に収納するようにしましょう。

家族別の棚の置き方例
～ダイニングの場合～

部屋別
Room Type

キッチン

《収納のポイントをおさえたキッチン》

調理しやすい、片づけやすい、掃除しやすい、キッチンに

キッチンは、食事のあと一回でも片づけずにそのままにすると、何日もサボっているかのごとく散らかります。だからこそ、片づけがかんたんな「収納指数」最少のキッチンにしましょう。そうすれば、料理が楽しくなり、余計な時間もかかりません。いつも料理が気持ちよくスタートできます。

キッチンにはシンクやコンロ台の場所のほか、①冷蔵庫、②食器、③家電製品、④食品類、⑤ゴミ箱の場所が必要不可欠。狭い、使いにくい……という場合や、片づかない理屈がわかったら、思い切って家具を替えることもひとつの方法です。

収納のポイント

その1 食品の指定席をきちんと決めましょう

食品や調味料の買い置きがあちこちに散在していると、その量を把握できず二重に買ったり、食べ忘れたりしてしまいます。「食品はココとココにしか入れない」と場所を決めましょう。もちろんその前に、「買ったら食べる」を意識することが大切です。

その2 よく使う食器は、シンクやコンロ近くに

食器棚がキッチンに収まらないので、やむを得ず離れた場所に置き、不便を感じながら出し入れしていることはありませんか？　その場合は、使用頻度が高い食器だけでもシンクやコンロの近くに収納できるようにしましょう。

その3 家電製品を効率よく収納しましょう

炊飯器や電子レンジ、オーブントースターなどのほか、ジューサーなど出しておけばもっと活用できるのに、というモノがあれば、使いやすい収納を考えましょう。

その4 ゴミの指定席は大切

ゴミは自治体によって違いますが、分別数が少なくても多くても、ゴミ箱を置く場所は必要です。捨てる回数が多いゴミを優先的に捨てやすい場所に。

手本にしたい収納のコツ 5

キッチンのモノを効率よく収納できるシステム家具を活用する

狭いキッチンも家具選びでスッキリ

キッチンがどうしてもスッキリと片づかない原因は、次の２点が多いようです。

❶指定席のないモノが多い。

❷指定席があっても頻繁に使うため、いちいち戻すのが面倒でつい置きっ放しにしてしまう。

❶は、よかれと思って買った家具の棚の高さ調節ができない、奥行きが深すぎて詰め込んだモノを忘れてしまう、高さがないので収納量が少ないなど、家具の形状が問題。この場合は、家具を替えたり、カゴを用意したり、少しでもラクに中のモノを出せるようにします。

❷は、置きっ放し状態でもきちんと収納されているように見せることを考えます。例えば、油はコンロ下と決めたのに、いつも出しっ放し。そんなときは、「ここも油の指定席」とトレーを置いて、場所を与えましょう。自分の習慣と美的感覚に合わせて収納することも、ムリなく片づけられる方法です。

食器・家電製品・食品類・ゴミ箱が使いやすく効率よく収まるシステム家具

一例として、ゆとり工房とカリモク家具で共同開発した40以上のアイテムが揃っているシステム家具「キチット・アイ」で、キッチンにあると便利な棚のポイントを紹介します。同じシリーズで統一すれば、見た目もスッキリします。

このスライド棚は炊飯器（5合炊き）のフタが開く高さがあるので、上の棚にガチンとぶつかることがありません。また上段のスライド棚は、オーブンレンジのオーブン機能を使うときのため、3分の1だけスライドさせ、熱を逃がせるようになっています。

棚の高さを調節できるので、一つひとつのアイテムに指定席を設けやすくなります。棚板が足りない場合は買い足せます。写真ではよく使うボウルやざる、鍋をオープンの棚に入れ、0《ゼロ》アクション収納に。

棚は収納の万能選手。高さを変えるだけで、鍋も食器も食品も出し入れしやすく収納できます。

シンクの前で、すぐ出せる場所ならどこでもOK

扉タイプの場合

置き場所&入れ方 シンク下は、配水管をまたいでセットできる棚を活用する

シンクまわりは調理の際に水を使う鍋やボウル、ざるなどを収納します。それらを重ねずに収納するには、配水管が左右や中心など、どの位置にあっても、それを挟んでセットできるシンク下専用の棚が便利です。

鍋はフタをしたまま収納するのがおすすめ。そのためには、数段ある棚がいいでしょう。

クイック収納の知恵 出し入れがラクなら、どこでもOK

鍋やボウルなどの置き場所は、シンク下、その左右のキャビネット、手が届けば吊戸棚、しゃがんで下から出すよりラクであれば、写真のように食器と一緒の棚でもいいのです。とにかくラクに出し入れできることを考えます。

引き出しタイプの場合

置き場所&入れ方

引き出しタイプは〝立てる〟を念頭に。立てられないボウル・ざる・鍋は置くだけに

シンク下の引き出しには、扉タイプと同様に鍋、ボウル、ざるを収納。そのほか、立てて収納すると使いやすいモノなら何でも収納します。詰め込んで重ねないようにすることが大切です。

高さがある引き出しは、長い調理道具を立てるのに便利。上からスッと取り出しやすいように、安定する容器に立てて入れましょう。

Kitchen

キッチンのアイテム2

フライパン

フライパン類はすぐ取り出せるようにラックを使いましょう

扉タイプの場合

置き場所&入れ方

フライパンラックを使い、直接重ねないようにして、使いたいモノがすぐ取り出せるように

鍋と違い、フライパンは直接コンロに置くことが多いので、コンロまわりから歩かなくても取り出せる位置に収納します。

フライパンの手前にスペースが空いていても、ほかのモノを詰め込まないこと。何かを置くとパッと取り出すことができなくなります。

Question! 先生おしえて どんなフライパンラックがおすすめ？

フライパンラックは、大きさや深さに合わせて、段数や高さを変えられるタイプを選んだほうが無難。また素材も、少々お値段が高くてもステンレス製がおすすめです。錆びないので長い間気持ちよく使えます。

引き出しタイプの場合

置き場所&入れ方

引き出しタイプは、タテ使いのラックを使い、立てて収納

引き出しタイプは、基本的に1アクションで中のモノが取れます。そのため、フライパンやそのフタ、網、置き場所に困っていたオーブンレンジの付属トレーなどもラックを使って立てれば、使い勝手はベストです。

また、コンロに置きっ放しにしがちな「やかん」もコンロ下などに指定席をつくっておくと、油のハネなど汚れが減ります。

立てるグッズとしては、フライパンラックのほか、書類用のスタンドやボックス、牛乳パック、高さのある空き箱も使えます。

Kitchen

キッチンのアイテム3

フライパンのフタ

扉の裏を収納場所として活用しましょう

置き場所&入れ方

粘着テープでつけるフックか、扉の上に引っ掛けてつるすタイプのフックを使ってつるす

収納スペースがない場合、扉の裏もりっぱな収納スペース。コンロ前で使いたいフライパンのフタや鍋つかみなどをつるします。扉を開ける度にぶつかる音が気になる場合は、扉の裏にコルクシートを貼るとクッションになって気になりません。

つるすと便利だけれど見苦しいと思うモノは、このように扉の裏に収納するのがおすすめです。ただし、粘着タイプのフックの場合、重いフタをつるすのは避けましょう。

クイック収納の知恵　**扉裏をもっと活用する方法**

扉裏に収納ケースを小さいフックでつるしたり、粘着させたりして取りつければ、ラップ類や小物を入れるのに便利です。牛乳パックは軽いので、両面テープでつけやすく、小物入れとして使えます。扉裏を使う場合、キャビネットに入っているモノに当たらないことを確認してから利用しましょう。

Kitchen

キッチンのアイテム 4

ボウル・ざる

水が絡む道具なので、シンクまわりに収納しましょう

置き場所&入れ方

最も適した置き場所は、シンク下やその上の吊戸棚。取りやすいことを考えて置く

ボウルやざるは用途に合わせてサイズや形が違うものがいくつもあります。引き出しに入れても、棚に入れても、重ねなければなりません。その場合、ボウルとざるを別にするなど、重ねても取りやすい入れ方を考えましょう。シンク前から1～2歩離れていても、オープン棚なら0《ゼロ》アクションで取り出せ、使いやすさ抜群。

クイック収納の知恵

スッと取り出しやすい柳宗理のボウルがおすすめ

デザイナーの柳宗理がデザインしたステンレスボウルは、見える収納にしてもきれい。さらに、形がサイズに合わせて変えてあるため、ピッタリ重ならないのです。そのおかげで、真ん中にあるボウルも片手でスッと取り出せます。

Kitchen

キッチンのアイテム5

食器・グラス

収納スペースに入る分しか持たないようにしましょう

置き場所&入れ方

キッチン内のすぐ取り出せる場所に、よく使う、食器を収納

食器は集めるとキリがありません。どんなに好きで買ったものでも、見えないところにしまい込んでいては持ってないも同然。自分の家の収納スペースに入る量に抑えることが大切です。

それらをすぐ使えるようにするには、できるだけ違う種類を重ねないこと。扉や引き出しを開けると食器が全種類見えるのがベストな収納です。

家族の人数分を手前に、上部にゆとりをもたせて重ねる

例えばふたり暮らしの場合、セットの食器でも使う枚数だけ棚の前面に置き、残った分は違うものと重ねてもかまわないので奥に入れます。また、奥行きがある食器棚に小さな和食器を何種類も収納する場合は、上にゆとりをもたせることで、1アクション収納になります。

同じ種類は1列に

同じグラスや食器はタテ1列に入れると、使いたい種類が使いたい個数だけすぐ出せます。

よく使うグラスはつるす

キッチンカウンターを広く使うためにも、水飲みコップをワインラックにつるします。すぐ使え、洗ったあとに拭かなくても、しずくを切ってつるせばOKです。使用頻度の高いモノは、このように、出して→使って→戻すといった動作をひたすらシンプルにしましょう。

コラム

お皿は立てると使いやすいって本当？

お皿は素直に重ねて棚に置くのがいちばん！

プレートやスープ皿を立てると使いやすそうに感じますが、これは要注意。一見、「なんていいアイデア！」と思いますが、実際同じ枚数の食器で試してみると、同じスペースでの収納量は変わりません。変わったのは、食器を立てたことで出し入れが面倒になったことでした。

普通に棚に重ねて収納されていると、両手で4枚だって同時に取れるのです。しかし、立てると1枚ずつしか取ることができず、深めのお皿は、いったん全部出さないと必要な枚数が取れません。また、前に転がり出てくるのが心配だからと、手前に立ち上がりのあるケースの中に入れると、これもまたいったん全部出さなければ取れません。

このように、すべての食器のアクション数が増えてしまいました。つまり、わざわざ食器を立てる必要はないのです。

ただし、あまり使わないお皿があり、食器棚に入れるには棚板が足りないなどという場合は、立ててもいいでしょう。

立てるグッズを使って入れる

出しづらいわ
①扉を開ける、
②ボックスを
引き出すの
2 手間必要
同じ量のお皿を
上下の同じ食器棚に入れる

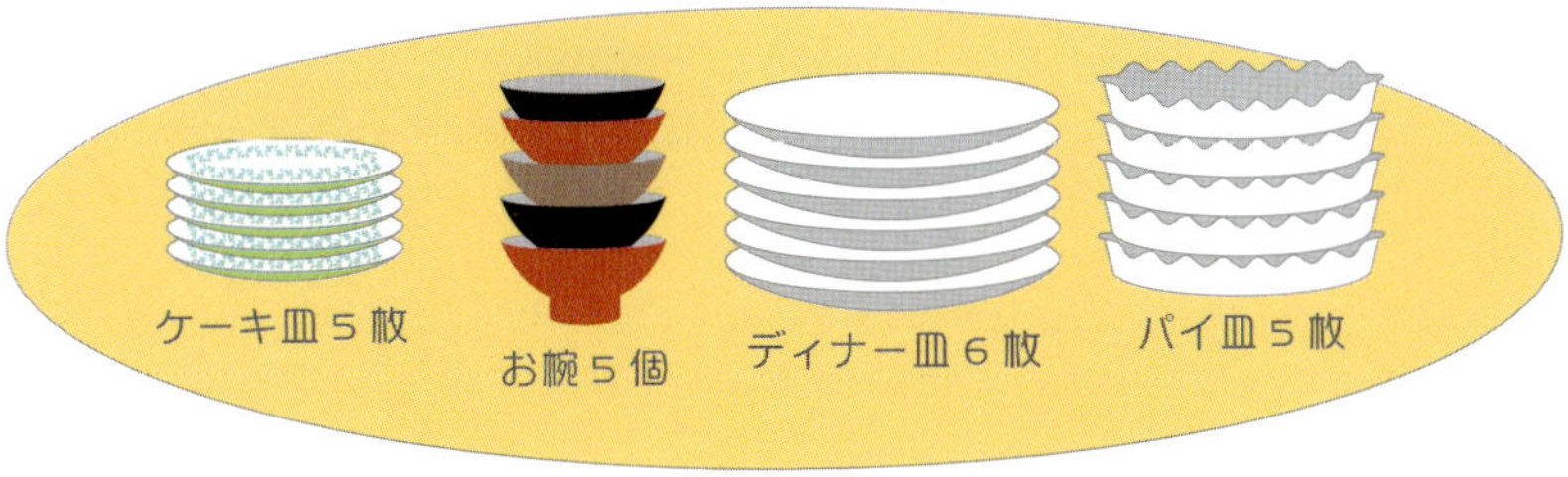
ケーキ皿５枚
お椀５個
ディナー皿６枚
パイ皿５枚

棚板を増やして入れる

出し入れ
しやすいわ！
①扉を開ける
だけの1手間
で取り出せる

Kitchen

キッチンのアイテム 6

保存容器

場所をとらないために、
重ねられる容器を使いましょう

置き場所&入れ方

容器の本体が重なるタイプを冷蔵庫に入る最大量の数だけ用意。サイズや形は食生活と入れる場所に合わせて決める

従来の保存容器は本体が重ならないため、キッチンの大切な場所を占めています。なかには、入れ子状態にして収納しているケースも見受けられますが、結局出すのが面倒で、使わなくなってしまうのが現状。それを解決するのが、中身が見えて、冷凍にも電子レンジにも使える容器です。

本体は重ね、フタは立てると、20 ～ 30個がひとつの引き出しに収まり、使いたいサイズのものがすぐ取り出せます。

保存容器を選ぶときは、メーカーが違っても、収納する場所に効率よく入るかどうかを考えて揃えましょう。

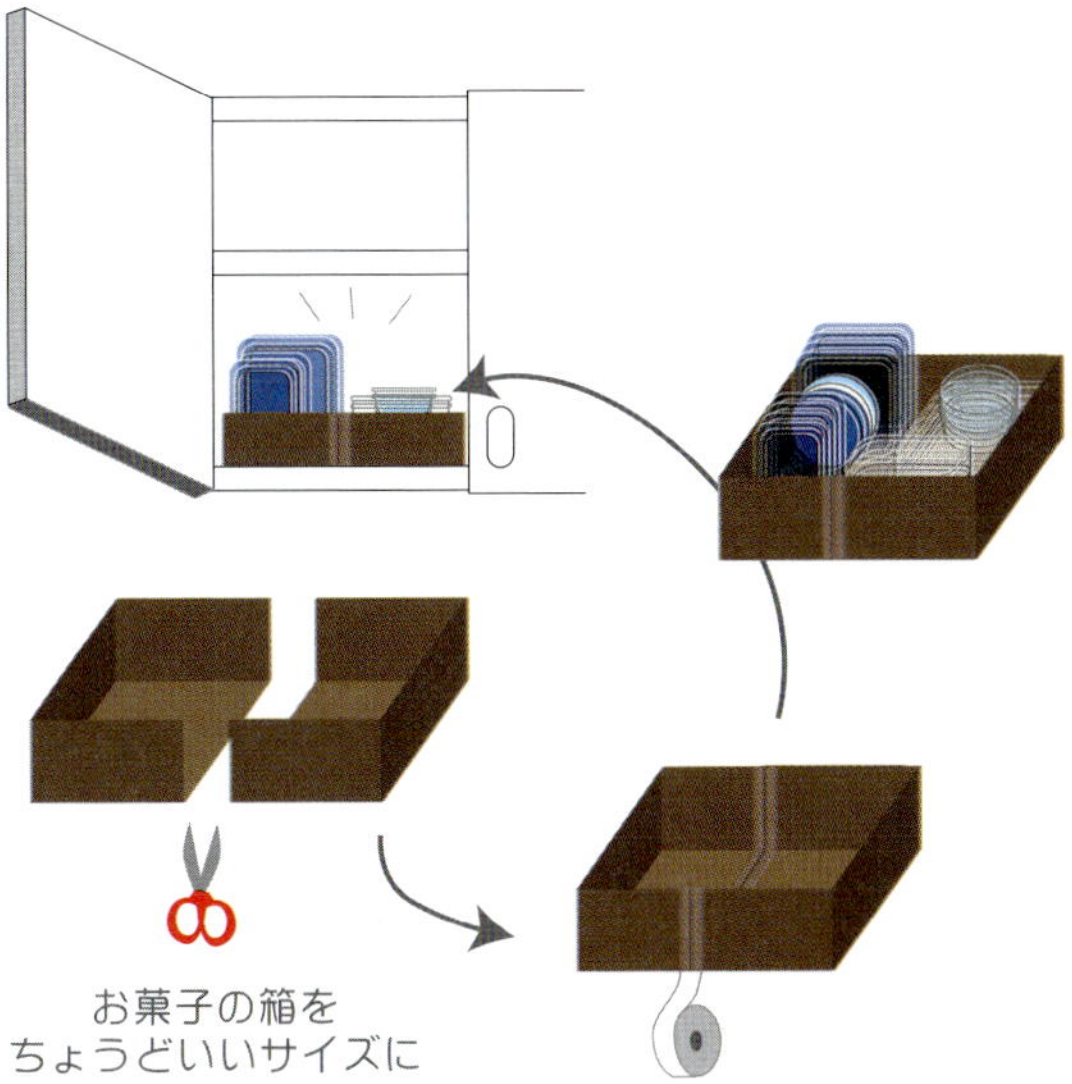

棚に入れるときも引き出しと同じように

引き出しにスペースがない場合は、浅めのボックスに右の写真の引き出しと同じように入れて棚に収納します。ただし、上から取るので、取りやすい高さの棚に置き、上部にゆとりをもたせて収納します。棚が広い場合は、フタは重ねておくだけにします。

扉を開けるだけですべての中身が見える長方形が便利

私のおすすめは透明の長方形。冷蔵庫に残り物を入れたとき、タテ方向に重ねて入れると、たくさんの容器が、冷蔵庫の扉を開けるだけですべて見えます。

保存容器が足りなくなったときは、冷蔵庫に残り物が溜まっているというサインと考えましょう。

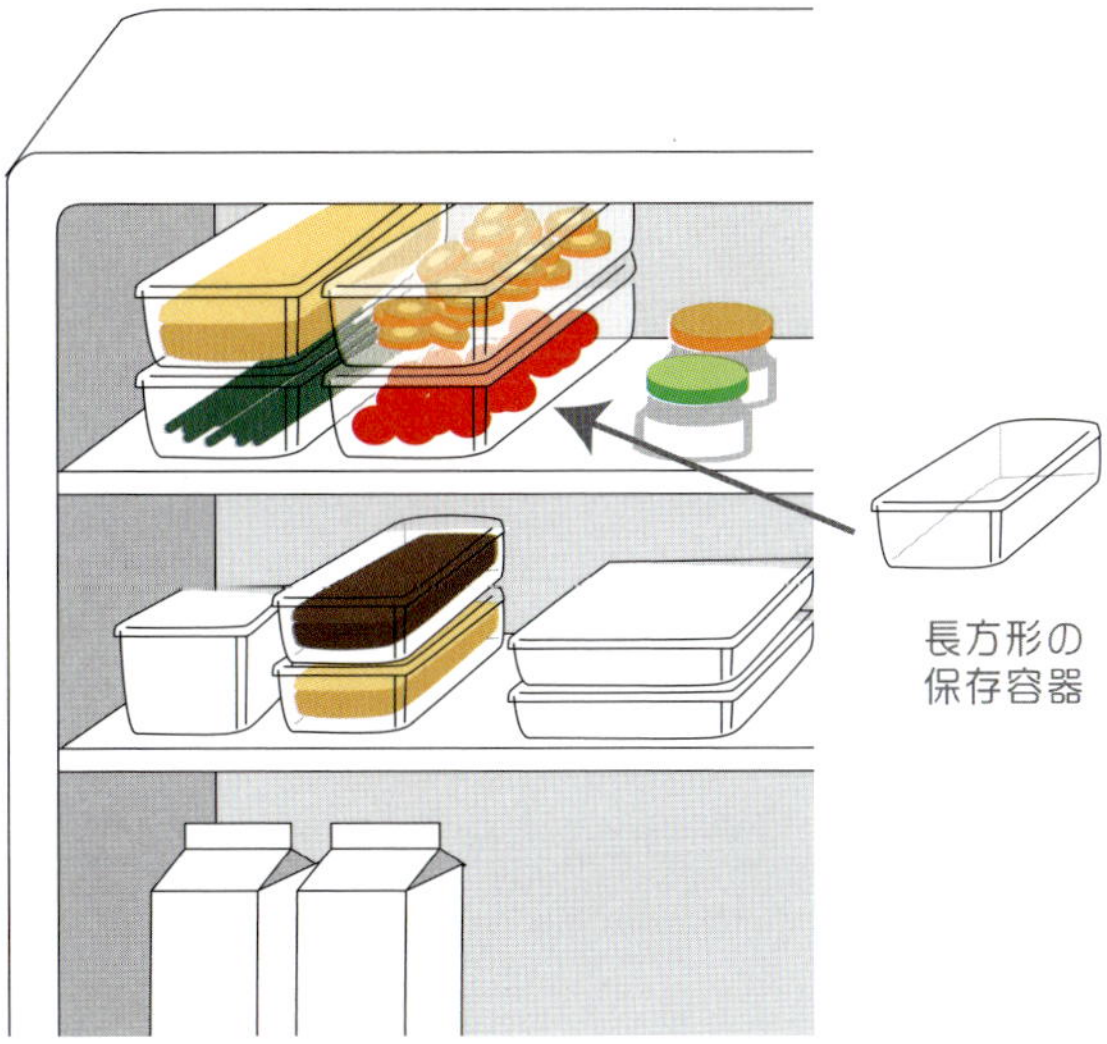

クイック収納の知恵　保存容器用の乾燥スペースを設けよう

保存容器を洗ったら、このステンレス製ワイヤーの台にふせて置いて、自然乾燥させます。そのほうがふきんで拭くより雑菌がつきません。凸凹の多い弁当箱なども下から空気が入るので、隅々までよく乾いておすすめです。

Kitchen

キッチンのアイテム7
食品の買い置き

収納よりも、「買ったら食べる」という意識が大事

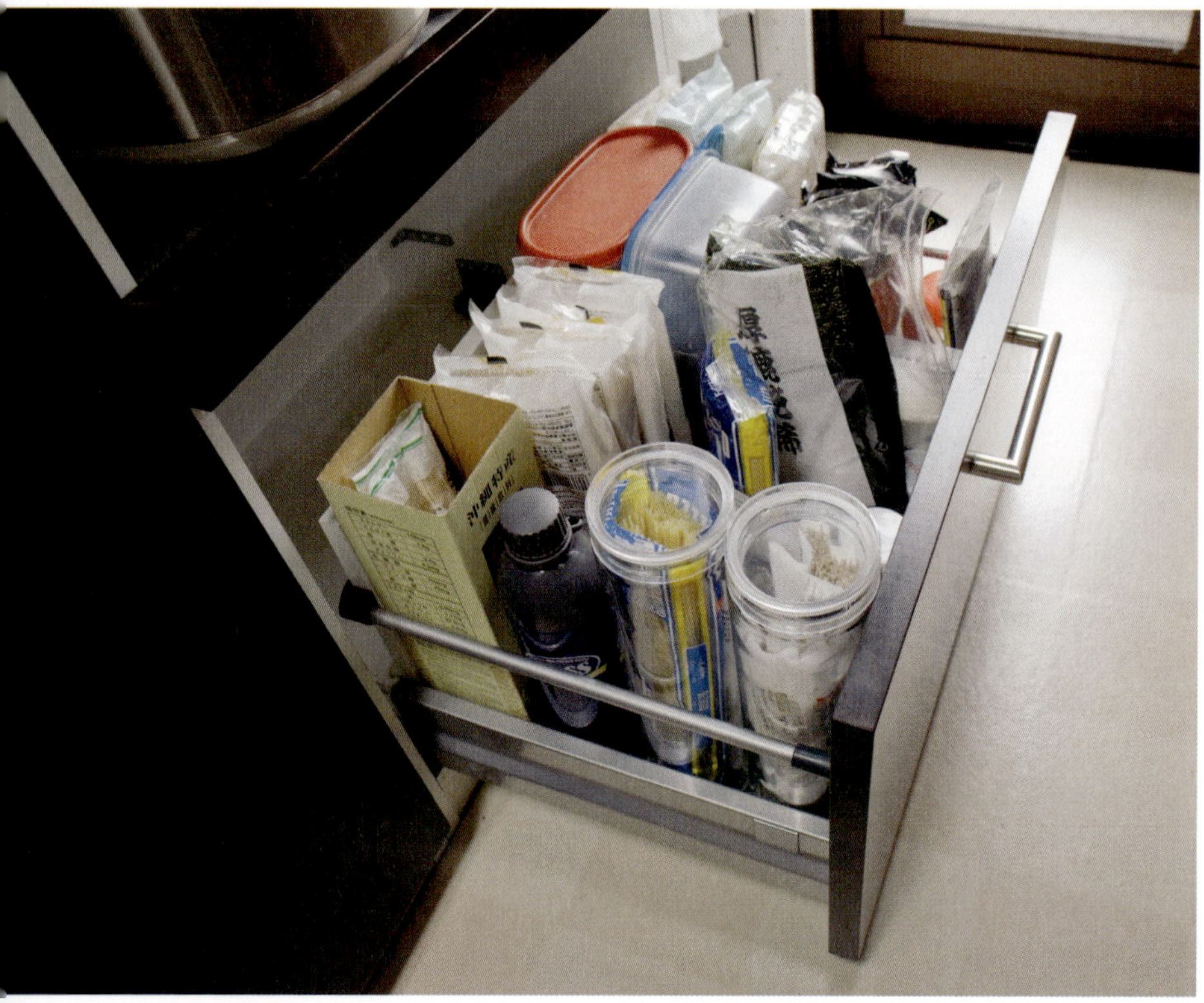

置き場所&入れ方

深い引き出しなら、重ねずに立てて、ひと目で見える収納に

食品は、できるだけ1カ所にまとめます。それがムリなら、せめて3カ所までに。同じ場所に置くことで、何がどこにあるかを把握しやすくなります。

深い引き出しに入れる場合は、一目瞭然となるようにすべて立てて入れます。倒れ防止に、タテ長の空き箱や市販の長い保存容器を使います。

棚の場合は、左のイラストのようにボックスにまとめて置きます。このように買い置きしているモノをすべて見えるように置くことで、使わないまま賞味期限が切れてしまうということを防げます。

食品別の収納方法

パスタや乾麺

未開封のものはそのまま、開封したものは、できるだけ密封容器に入れます。引き出しに入れる場合は立てて、棚に入れる場合は、丈夫なタテ長の空き箱（お酒の箱が丈夫でおすすめ）を重ねて入れます。箱は中身が見えるようにフタの部分を中に入れ込めば、重ねてもつぶれません。

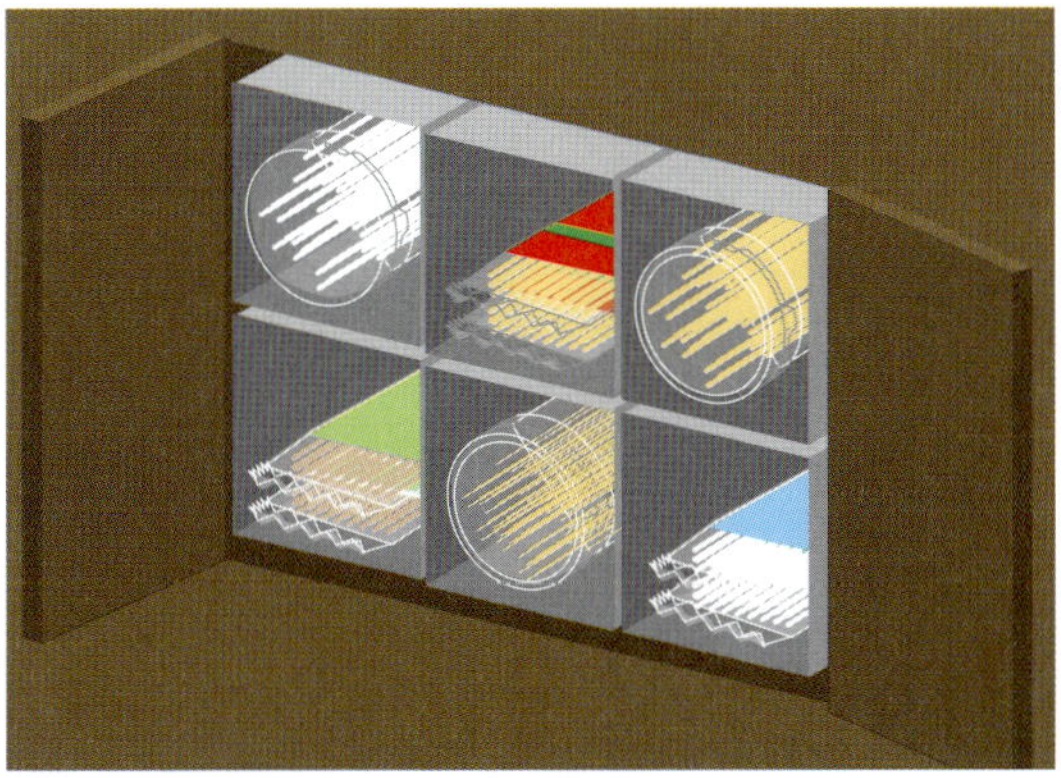

海苔や乾物

基本的に入っていた容器に入れます。湿気が入るようなら、缶またはチャック付きの袋に入れて。棚に入れる場合は、ボックスの中に重ねずに立てて入れます。乾物も買ってから日が経つほど風味がなくなります。買ったら早く使い切ることが重要です。

缶詰やレトルト食品

収納の注意事項は、ラベルや食品名がわかるようにすること。缶詰は浅い引き出しやカゴに寝かせて入れるとラベルが見えます。

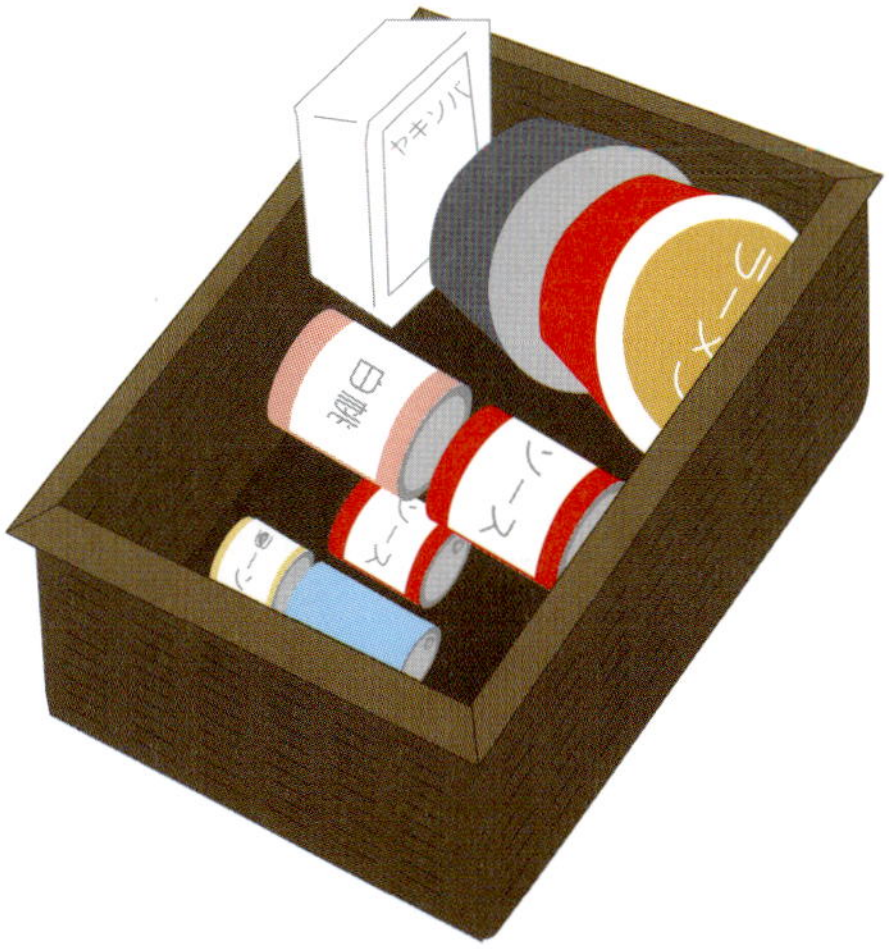

根菜類

常温保存の根菜類もまとめてカゴに入れ、通気性があり、日が当たらない場所に置きます。床に置くとじゃまなので、私はそれを棚に置いています（P.64の写真参照）。

Kitchen

キッチンのアイテム 8

キッチンツール

種類によって、立てる、つるす、
引き出しに入れる、
この3通りで収納しましょう

置き場所&入れ方

置く場所はコンロのそば
入れ方は次の3通り
①ツール立てに立てる
②フックにつるす
③引き出しに入れる

お玉やフライ返しなどは、使うときにサッと取りたいので、①②の0《ゼロ》アクション収納がラク。

ツール立ての選び方ですが、持ち手より先のほうが重いので、たくさん立てても安定するように、高さと重さがあるものを選んでください。

写真のものは陶器製ですが、ステンレス製のものも出てきました。多少価格が高くても、半永久的に使えるものを用意しましょう。

収納しにくいツールはつるす

形がさまざまで、引き出しに入れても、立てても収まりの悪いモノは、つるすと便利です。

写真はひとつの例。ワイングラスラックを吊戸棚の底にビス留めし、それにフックを足してつるしています。洗ってすぐに掛けられるので、収納しながら乾かすこともできます。

細かいツール類は引き出しの中へ

皮むきや輪ゴム、計量カップやスプーン、栓抜きなどの細かい道具は、やはり引き出しが便利。ゴチャマゼにならないように仕切りを入れるのが必須条件です。意外と汚れるので、洗えるボックスを使いましょう。

Kitchen

キッチンのアイテム9

液体調味料

使用頻度で出しておくモノ、しまうモノを分ける

置き場所&入れ方

よく使うモノはガスコンロの近くに。洗いやすいステンレスのトレーを用意し、チョイ置きを本置きにする

「よく使う油や調味料などは、いちいち片づけるのが面倒」という場合は、〝つい置いてしまう場所〟を指定席にします。すると、「出したまま」という罪悪感がなくなります。そのほかの調味料は、コンロ下など見えないところに収納します。とくに収納用品を使わなくても、上部に空間を確保しておけば、奥のものもスッと取れます（P.68参照）。

クイック収納の知恵

アクリル板を敷くと手入れもかんたん！

液がたれることを考え、よく紙を敷きますが、取り替えるのが面倒です。その場合、市販のアクリル板を敷くと、汚れたら洗え、見た目もスッキリします。

手本にしたい収納のコツ 6

常温で常備する食材は透明の容器に入れて目につく場所に

中身が見えれば必ず食べる！

常温で常備する梅干しなど、中身が見えない陶器などの容器に入れるとつい忘れてしまうことはありませんか？

それを防止するには見える収納がベストです。写真の保存容器は本体がガラスでフタがプラスチック。前出のパスタ用と同じシリーズの容器です。フタは2～3㎝回すだけで開閉できます。直径、高さもそれぞれ3サイズあり、システム的に使いやすく考えられています。

私はコーヒー豆や麦茶パックなど、見えると消費しやすいモノにも使っています。透明なので暗所に保存というものについては、短い期間で使い切る量を入れるようにしています。

Kitchen

キッチンのアイテム10

ラップ・ホイル類

サッと取れる、見えない場所に

置き場所&入れ方

すぐ取れるけれど、自分にしか見えない場所に入れる

ラップ類は、パッケージがにぎやかな色なので、見えるところに出しておきたくないですよね。対面式キッチンなら、吊戸棚の扉を外してしまうのがおすすめです。

扉はビスを回すだけで自分でも外せます。吊戸棚の中は自分からしか見えないし、扉を外してしまえば、取り出す度に扉を開け閉めする必要もありません。砂糖や塩などの粉末状の調味料も、こうして入れておけばすぐに使えます。

ペーパーホルダーの収納例

スチール板を使って使いやすい場所につける

ペーパーホルダーは使いやすい場所にあり、片手で1枚ずつ切れることが条件です。しかし、使いやすそうなペーパーホルダーがマグネット式の場合、タイルやステンレスにはつきません。

でも大丈夫。スチール板を先に粘着させれば、好きなマグネットグッズを、使いやすい場所に、自由につけることができます。

ラップ・ホイルの収納例

タテ長の容器に立て、1アクションで取り出せるように

深い引き出しがあれば、倒れないようにタテ長の空き箱に立てて入れます。シンク下などの扉の中も、同じようにタテ長の容器に入れ、上から取り上げるようにすれば、1アクション収納です。牛乳パックを使う場合は、4個以上をあらかじめテープでくっつけておけば倒れません。

Kitchen

キッチンのアイテム 11

ふきん・ビニール袋

必要以上に持ちすぎないように。サイズが見えるように入れましょう

置き場所&入れ方

引き出しを開けたらすべてが見えるように、重ねずに立てる

食器用ふきんやレジ袋は、用途に応じてコレだけあればいいという量をスペースに合わせて限定して並べ、使いたいモノがすぐ取れるようにします。

レジ袋は使わない傾向にありますが、ゴミ用にまだ使う場合は収納しなければなりません。

写真の引き出しには、フライパンの油を拭うボロ布と裁ちバサミが一緒に入っています。これは、ボロ布と判断したものをとりあえず入れ、時間のあるときに小さく切るためです。ただし、小さな子どもがいる場合、ハサミをここに入れるのはやめましょう。これを参考にして､自分にとって「ここにあると便利」だという収納を実行してみましょう。

ビニール袋のたたみ方

上から見て、ビニール袋の大中小がわかり、
いちばん場所をとらない、またラクなたたみ方をご紹介します。

買い物の中身を出してもすぐにはたためないことのほうが多いので、とりあえずじゃまにならない場所に。広げる場所ができたら、形を整えて平らに置きます。

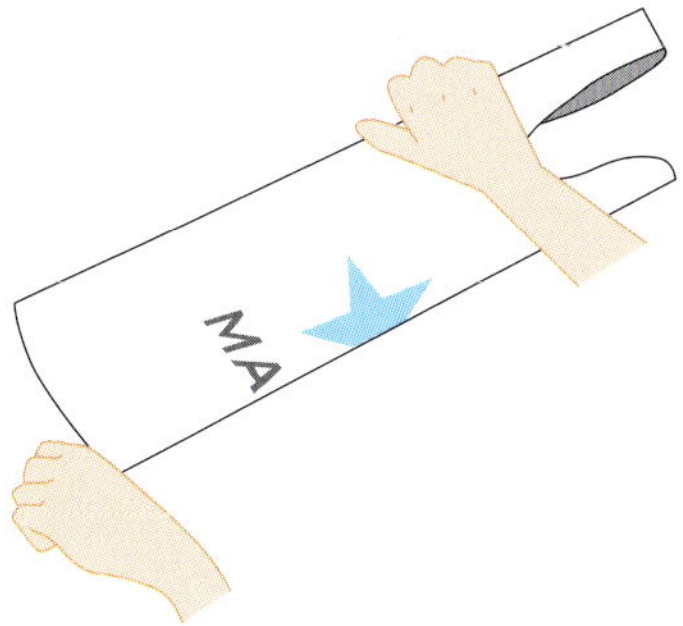

縦半分に折ります。

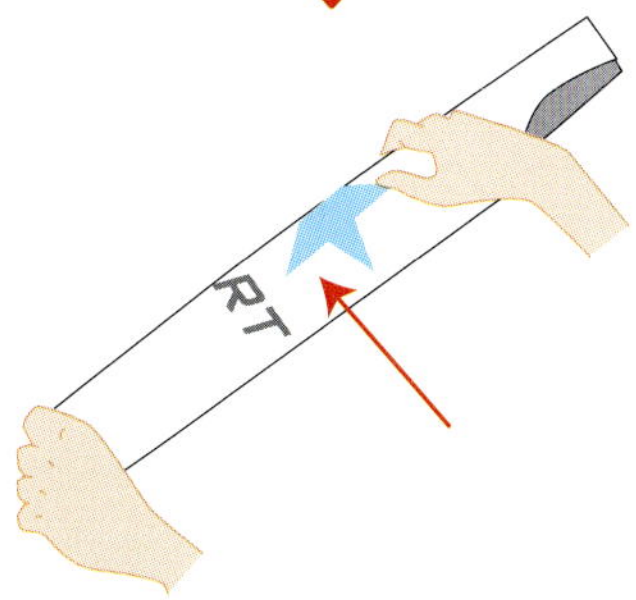

さらに半分に折ります。大も小もすべて四つ折りに。そうすれば、サイズが上から見て、ひと目でわかります。

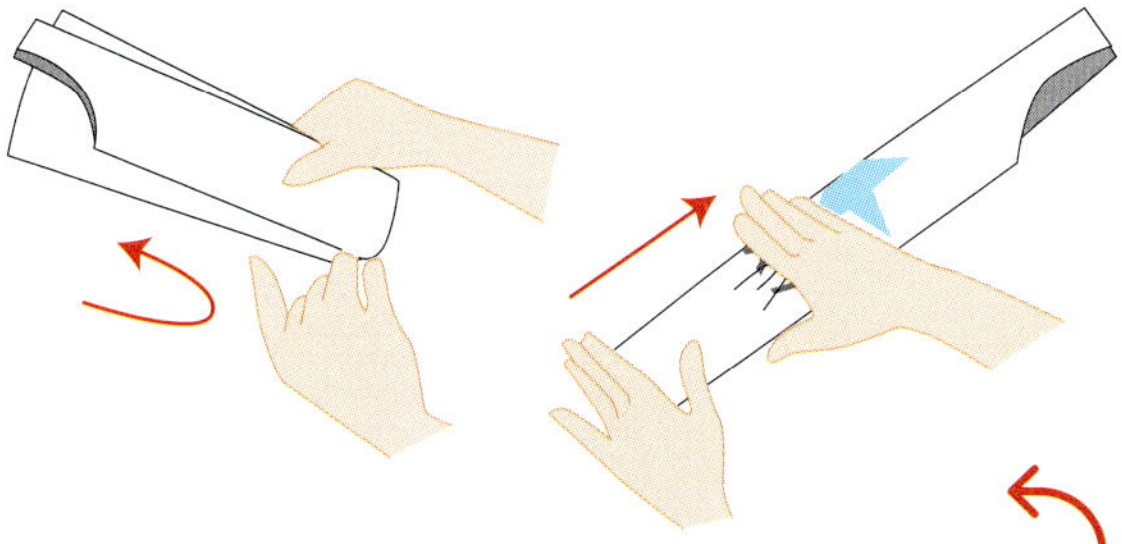

空気を手の平で押し出し、横半分に折ります。

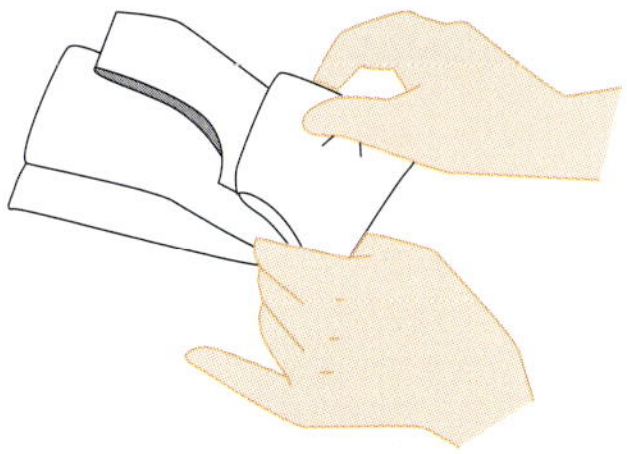

さらに、ビニール袋を入れるボックスの高さに合うように何回か折ります。

折ったビニール袋を入れるボックスは、大を折ったサイズに合わせて幅9cmくらいがちょうどいいです。

Kitchen

キッチンのアイテム 12

洗剤

ボトルを替えて、スッキリしたキッチンに

置き場所&入れ方

常に出しておきたい洗剤は、別の容器に移し替える

低い対面式キッチンの場合、リビングダイニング側から洗剤のボトルが見えるのを防ぎ、水まわりがスッキリとした印象になります。最近では、洗剤ボトルも以前よりおしゃれになってきましたが、やはり色がさまざまでスッキリしません。別容器にすると統一され、詰め替え用の洗剤を購入すればいいので、ゴミも少なくなります。容器はさまざまなサイズが市販されているので、好きなサイズを選びましょう。

念入りな手入れに使う洗剤やブラシなどは、水回りのモノなのでシンク下などに収納しておきましょう（写真右）。

Kitchen

キッチンのアイテム 13

ゴミ箱

置き場所と分別方法でゴミ箱を選びましょう

置き場所&入れ方

ゴミの量の多い順に捨てやすい場所に置く

オープン棚家具の下に、ゴミ箱をピッタリと収めています。フタがないゴミ箱は使いやすさがいちばんです。

私はフックにレジ袋をつるすタイプを使っています。しかし、フタがないと、生ゴミの臭いが気になります。それを防ぐには、次のページのように、濡れたゴミを増やさず、臭いが出ない捨て方にするのがポイントです。

ゴミの分別の仕方は自治体によってさまざまですが、頻繁に出るゴミを優先して、捨てやすい位置に置くようにしましょう。

フタのないゴミ箱に生ゴミを捨てる方法

料理をするときに、生ゴミを捨てるときのことを考えながら、作業をするのがポイントです。

また、生ゴミを処理する際の順序である、ゴミ→新聞紙→ビニール袋→ゴミ箱を移動しなくてもいいように配置すると、一連の動作がラクになります。

❶

生ゴミ用のステンレス製の容器を用意。場所をとるので、保存容器の乾燥台の下に置いています（あらかじめ、新聞紙を敷いておく）。

❷

野菜や果物などの皮は濡れないように、皮むきをするとき直接生ゴミ用の容器に捨てます。排水口の中や使用済みのラップもよく水を切って捨てます。

❸

ゴミがいっぱいになったら、近くに収納してある新聞紙を取ります。

❹

その新聞紙で生ゴミを包みます。ある程度の水分は新聞紙が吸うので、気にしなくても大丈夫です。

5

その下の引き出しから、小さめのビニール袋を出し、新聞紙で包んだ生ゴミを入れます。

6

空気を追い出し、ギュッとしばります。

7

すぐうしろにあるゴミ箱に捨てます。

Kitchen

キッチンのアイテム 14

買い物袋

買い物に行くときに
すぐ取れるけれど、
目立たない場所がベスト

置き場所&入れ方

冷蔵庫の下のほうに フックをつけて掛ける

お財布やエコバッグを入れた手提げ袋も、すぐ取れる場所が便利。冷蔵庫の下のほうにフックをつけて掛けておけば、対面式キッチンの開口部からも見えません。

Question! 先生おしえて

ほかにおすすめの場所はありますか？

買い物袋を掛ける場所は、冷蔵庫の両脇のほか、扉裏などもおすすめです。あまり目立たず、ちょうどいい場所を見つけましょう。エプロンを掛ける場所も同じ考え方です。

手本にしたい収納のコツ 7

キッチンで使うツールのおすすめの収納例

食器用ふきんもシンクの横に

素材を麻にすると、洗ったあとに早く乾くのでおすすめです。壁面がないと、ふきん掛けを取りつける場所に苦労します。収納は工夫すれば解決できることも多いですが、すべて解決できるわけではありません。建物の問題もあるのです。これから家を建てる人や、マンションを選ぶ人は、このようなことも頭に入れておきましょう。

ハサミはすぐ使えるようにフックに掛ける

使用頻度が高いキッチンバサミもフックに掛けて、見える0《ゼロ》アクション収納に。

手拭きタオルには三角フックが便利

手拭きタオルはシンク横の壁に掛けるのが便利です。水がたれないうちに手を拭けます。写真の「デルタ」という三角形のフックを使えば、手を拭きたいときスッと取れ、戻すのも片手でできます。

キッチン用雑巾はマグネット式タオル掛けに

キッチンマットは洗うのが億劫だと思ったら、床に敷くのをやめましょう。冷蔵庫などすぐ取れる位置に雑巾を掛けておくと、食品のクズが落ちてもすぐ拭き取れます。床が冷たければスリッパを履きます。

番外編

部屋別 Room Type

冷蔵庫

Kitchen

すぐ見える、すぐ出せる、が肝心！

たくさん入れることより、入れたモノを無駄にせずに、きちんと食べることが大切です。そのためにも、詰め込んでしまって何が入っているかわからない、ということにならないようにします。

冷蔵庫は奥行きがあるので前後に入れることに。奥は、お味噌やお茶など、その家の定番のストック食品の場所とします。

とにかく「入れたら、食べる」を念頭に！

収納のポイント

その1 ボックスに入れる、立てる

最上段は見えにくいので、ボックスに入れるほか、小さなブックエンドを使って、立つものは立てて入れます。

その2 容器を統一

さまざまなサイズの容器を使うと、前後左右がグチャグチャになりやすいので、それを避けるためにも同じ種類の保存容器を使います(P.76参照)。量や冷蔵庫のサイズに合うものを数種類決めて、ほかの容器は使わないようにすると、スタッキングできるので中身がわかります。

その3 常備品には指定席を用意

常備する定番の食品は、指定席を決めておきましょう。そこが空いていてもほかの食品は入れないようにします。位置は、入れる食品に適切な温度の場所を選びます。

その4 ドアポケット

袋類はクリップで留める

削り節のように袋入りで、よく使うモノはクリップで留めておけば、紛れることもありません。

その5

チューブは箱を利用

チューブが冷蔵庫のパーツに入りきらない場合は、チューブを購入したときに入っていた箱の上をカットして入れ、冷蔵庫ポケットに立てます。不安定なら、2箱以上をセロテープでまとめて立てると安定します。

その8 冷凍庫

ブックエンドを使って立てる

冷凍用の引き出しにも何が入っているかわかるように、立てて入れます。少なくなると崩れて重なりやすくなるので、ブックエンドなどを利用して立てましょう。

収納のポイント

野菜用の引き出し

その6 出し入れが多いボトルは手前に

野菜用引き出しの手前は、頻繁に出し入れするボトルを入れてもOK。引き出しはドアよりも冷気が逃げにくいので、冷蔵庫の温度が上がりません。

その7 野菜も立てる

野菜も見えるように、透明の袋に入れましょう。チャック付きの袋に入れるときは、できるだけ空気を抜いて入れます。長ネギやゴボウなどは、引き出しの手前に立てると見やすくなります。

その9 チャック付き保存袋は凍らせて収納

数回使える厚手のチャックつき保存袋をここに収納します。袋は洗ってもなかなか乾かず、つるしておくのもじゃまです。そこで私は、洗って水滴が落ちなくなった程度で半分に折り、引き出しの手前に差し込むようにしました。使うときは、水分が凍っているので、それをパラパラと落としてから食品を入れます。冷凍庫なら雑菌も繁殖しにくいと思います。ぜひお試しください。

部屋別
Room Type

洋寝室／クローゼット

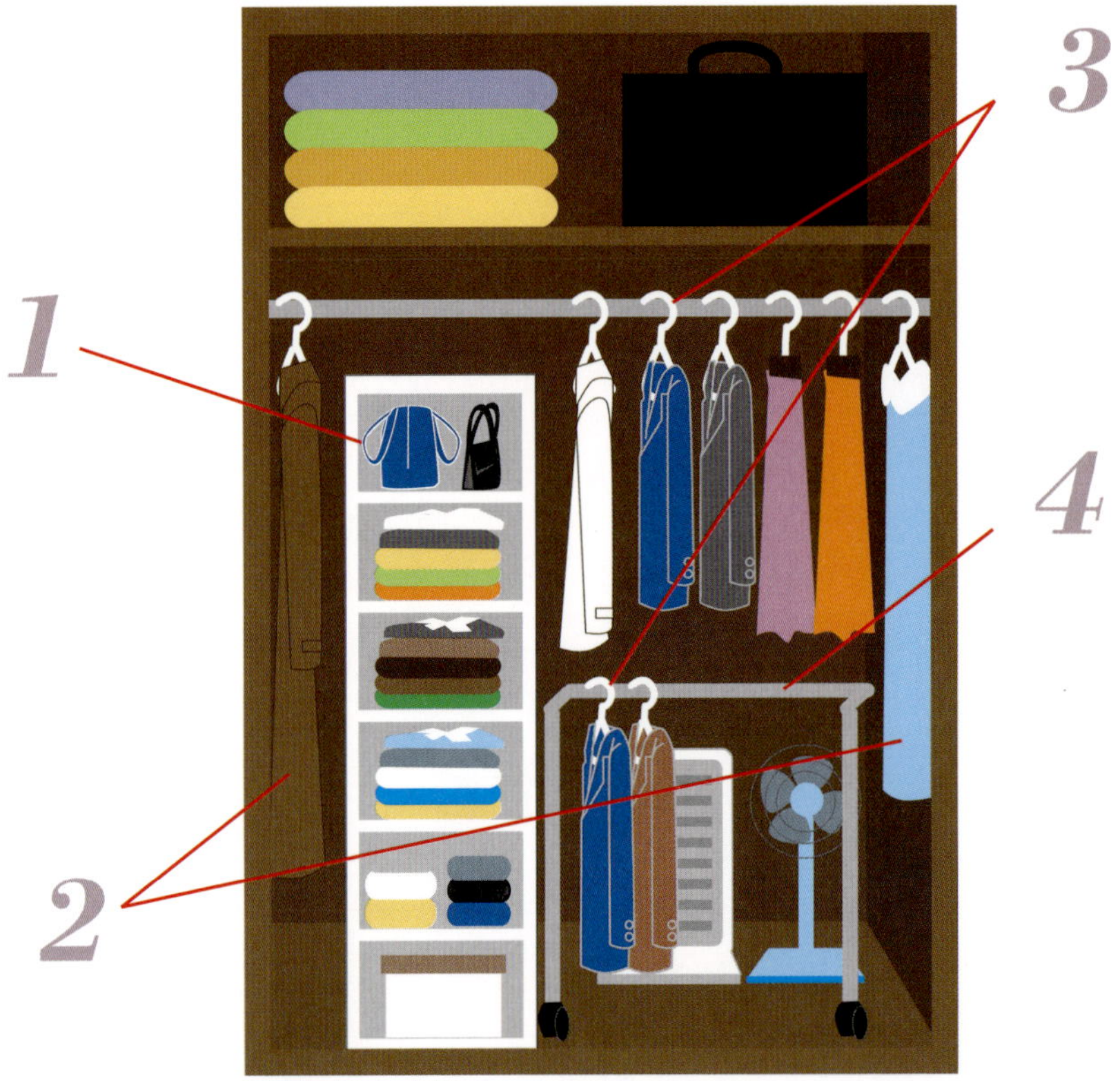

シンプルがいちばん工夫はしなくてOK

衣類は散らかりやすいモノのワースト1。だからこそ、すぐ出してすぐしまえるシンプルな収納が必要なのです。

日本は四季があるほか湿度が高いので、衣服も多くの種類が必要です。しかしそのわりに、日本の住まいには衣類収納スペースが少ないように思います。扉が大きく開いて、中身がひと目で見えるというクローゼットの特長を活かし、少ない枚数でやりくりするようにします。それでも収納スペースが足りない場合は、ほかの場所に収納できないかを検討しなければなりません。

収納のポイント

1《ワン》アクション収納を目指そう

衣類収納はコーディネートしやすいことが重要。
そのためにもクローゼットは、
ハンガーパイプにつるす、棚にたたんだ服を置くなど、
すぐ見える〝1アクション〟で出せる収納を目指します。

その1
クローゼットの中に引き出しを入れないように

引き出しを中に入れると、扉を開けて、引き出しを引く、という〝2アクション〟になるので、スペースがあれば、チェストなどは部屋に出し、オープン棚は中に入れて使います。

その2
扉の後ろに引き出しや棚を置かない

クローゼットの折り戸は意外に幅があります。その背後の場所は、引き出しは引くとぶつかり、棚に置いたモノも出し入れが億劫です。扉のある両端にはハンガーにつるした服と、その下に使用頻度が低いモノを入れます。

その3
ハンガーを揃える

ハンガーパイプに掛かる最大数の質のよいハンガーを一度に用意します。よくクリーニング店のハンガーを使いますが、勝手に本数が増えるので、ハンガーパイプがぎゅうぎゅう詰めになります。これを防ぐためです。ハンガーが足りなくなったら、それは服が多すぎるというサインにもなります。

その4
奥を有効に使おうとしない

押し入れくらいの深い奥行きがあると、何とか有効に衣類を入れたいと思いがちです。しかし、今までこまめに出し入れしてこなかった人は、これからも変わらないと考え、奥には季節外の家電品や寝具など、衣類以外の出し入れが少ない大きいモノを入れましょう。

手本にしたい収納のコツ 8

男性におすすめのクローゼット収納

身支度に必要なモノをまとめて収納

あちこち歩き回らなくても、上から下までの身支度が1カ所で完結するようにすれば、素早く着替えられます。また、衣類があちこちに散らばることもなくなります。

ワイシャツは、互い違いに重ねる

クリーニングから戻ったワイシャツ（たたみ仕上げ）を棚に置く場合、2枚のワイシャツの襟を互い違いにして重ねます。4枚重ねても崩れません。

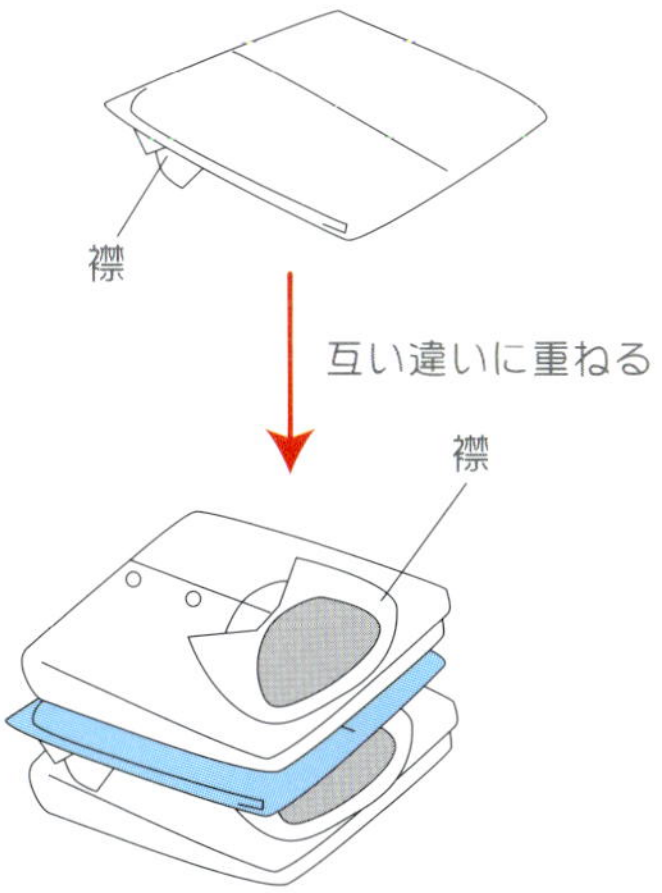

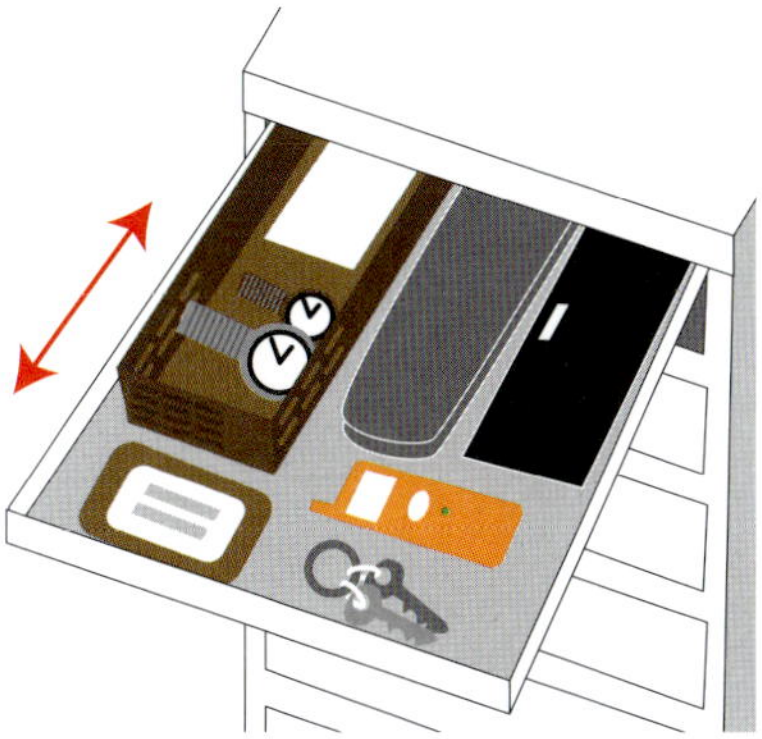

スーツやコートから出したモノの指定席を決める

帰宅すると時計や携帯電話、名刺入れや定期、キーホルダーなどをスーツから出します。それらの指定席をトレーやカゴなどで用意しましょう。帰宅後、最初に向かう部屋の動線上に置きます。クローゼットもその場所の候補のひとつです。

ハンガー用一時掛けフックを用意

スーツを外した空のハンガーを掛けておく場所がありますか？　その場所がなければ用意しましょう。クローゼット内が難しいようであれば、扉の上に引っ掛けるフックも便利です。そうしておくと、ハンガーが見えているので気分的に掛けやすく、脱いだ直後の臭いや湿気を飛ばすこともできます。

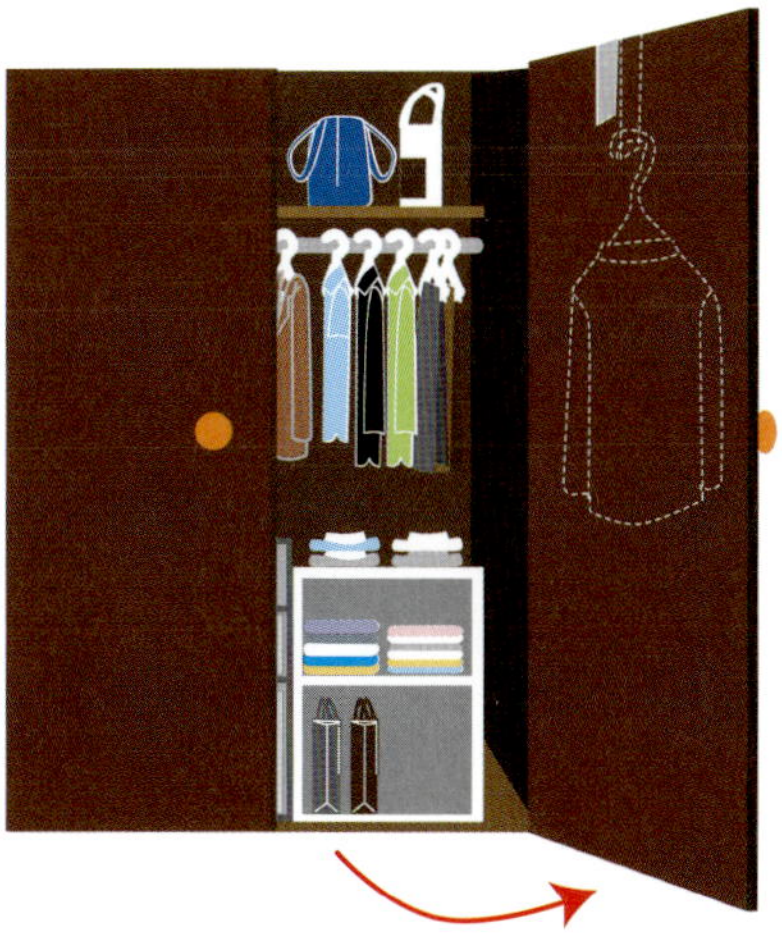

コラム

ウォークインクローゼットは本当に便利？

位置やサイズによっては歩く面積が無駄なスペースに

ウォークする必要がないクローゼット

イラストのクローゼットAですが、Kさんは入居するとき、「憧れのウォークインクローゼットだわ」と喜びましたが、実際には片側の空いている壁面に何も置けないことに気づきました。それは、ハンガーに服を掛ける幅は50〜60㎝必要で、残りの幅は歩いたり、ハンガーを取り出したりするために必要なスペースだったからです。また、突きあたりに引き出しを置いてみましたが、奥につるした服が取りにくくてやめました。このように意外と人が動くスペースを見落としている設計が少なくありません。むしろ、普通のクローゼットBのほうが歩数も少なく、出し入れも気楽にできます。とくに、ウォークする必要がなかったのです。

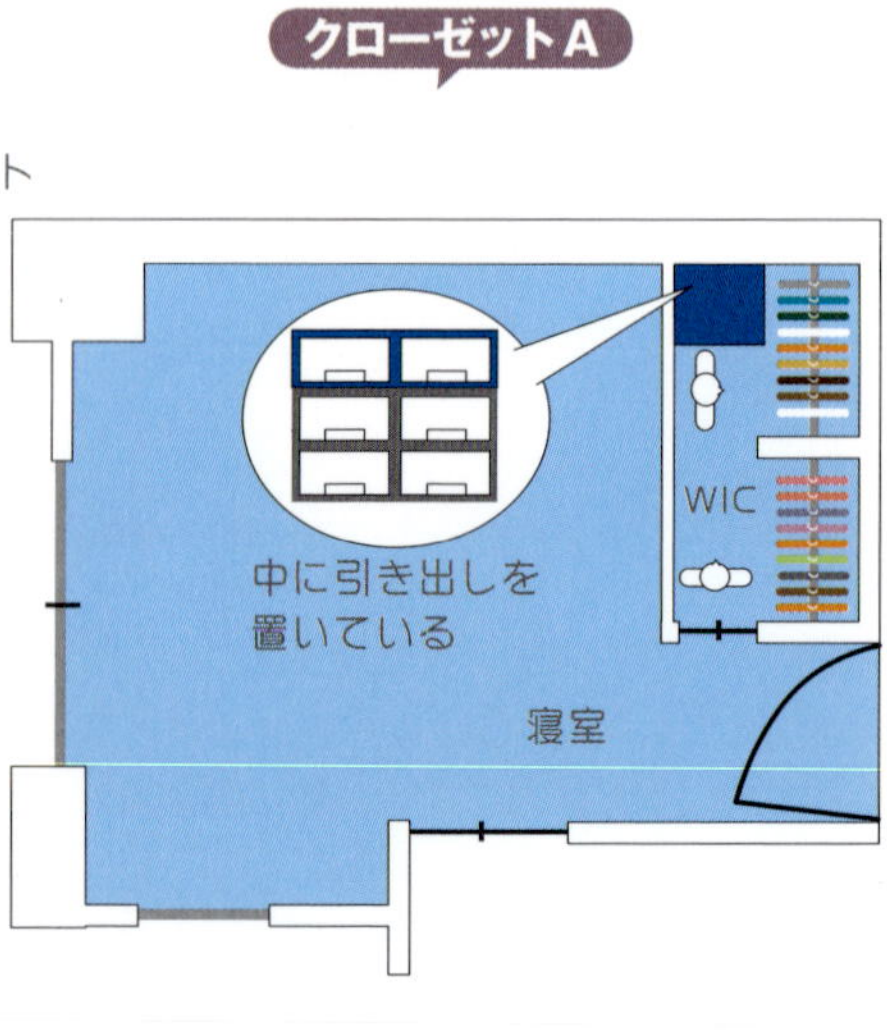

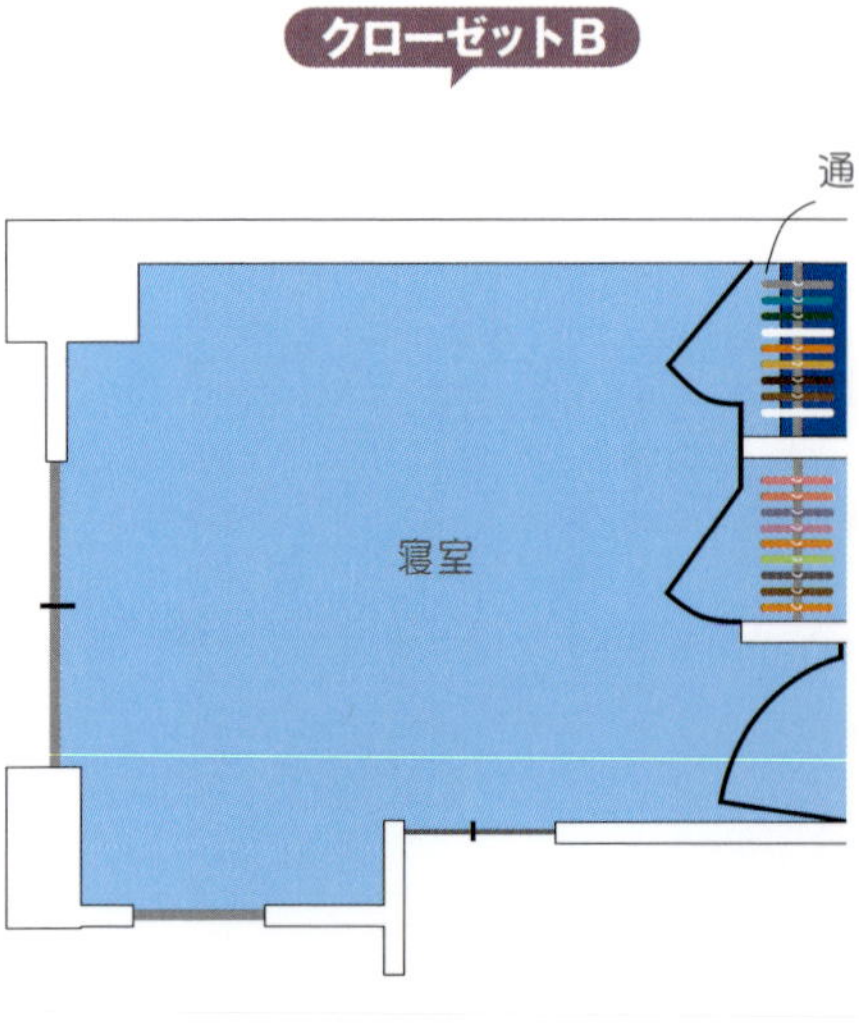

広く見えるけれど、収納量が変わらないクローゼット

クローゼットCもハンガーパイプが2列あるのでたくさん掛けられるように思いますが、実際クローゼットDと収納量は1着分ほど（約10㎝）しか違いません。図面だけ見ているとふたつの例とも何の問題もないようですが、実際にCを使ってみると、扉を開けて入り込むと、狭苦しいことや暗い印象もあり、出し入れを大儀に感じさせます。

普通のクローゼットDを選ぶと気楽に出し入れできるほか、何より部屋が広くなるので、シングルベッドが2台入るなど、家具のレイアウトもより自由になります。

クローゼットを確認する場合、収納量だけでなく、動作空間も忘れずにチェックしましょう。

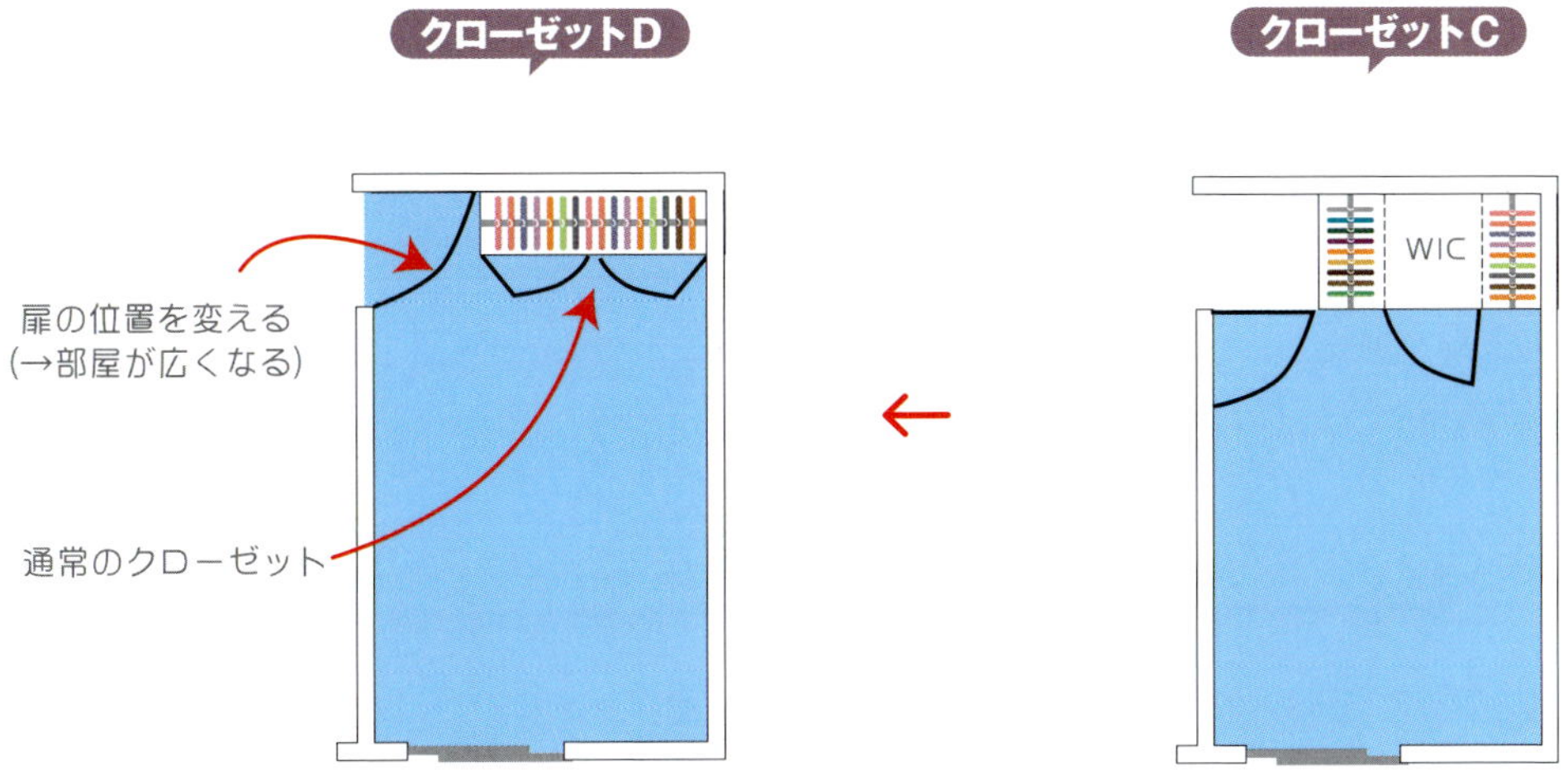

和寝室／押し入れ

奥のスペースには使用頻度の低いモノを

本来、押し入れは布団などの寝具を入れる場所。ほかのモノを収納して使いやすくするためには、収納用品が必要です。まず、何を入れたいのかをはっきりさせましょう。

上段・下段によって、それぞれ適切な収納用品があるので、それらを使いこなして押し入れを活用します。

持ち家の場合、押し入れを改造すれば、使いやすい大量収納が可能になります。

1 天袋の使い方

天袋は使いにくい場所です。「何も置かないのはもったいない」と思う人が多いようですが、ここのほかに収納場所がないというケース以外は、使いこなそうと思わないほうが賢明。なぜなら脚立に乗って出し入れするのは危険ですし、入れっ放しになりがちだからです。もし使うなら、捨てられないモノや思い出の品を入れましょう。

2 上段の使い方

衣類をつるすにはスタンドハンガー、そのほかのモノは棚を使います。棚を奥に配置すれば手前が空くので、脱いだ服の一時置きに便利です。それ以外のモノを入れる棚は、奥のスペースを無視して手前に配置したほうがラクに出し入れできます。

上段で使う収納用品

棚

ハンガー

収納用品使用例２

3 上・下段共通の使い方

共通して使う収納用品は引き出しや押し入れ台やすのこ板です。上段で引き出しを使う場合は、胸の高さまでしか積み上げないようにします。それ以上の高さは、出し入れしにくいからです。
また、よく使うモノを両端に置くと、襖を少し開けるだけで取り出せるようになります。

上・下段で使う収納用品

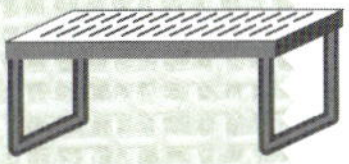
押し入れ台

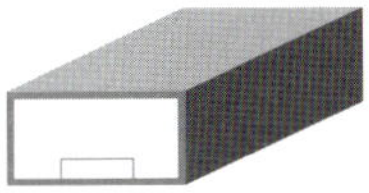
引き出しケース

すのこ板

4 下段の使い方

引き出し式ケースやキャスター式収納用品を使用します。キャスター式には棚タイプや引き出しタイプがありますが、それは入れるモノで決めます。奥行きや出し入れのアクション数を確認してから決めましょう。

下段で使う収納用品

キャスター付き棚家具

キャスター付き
引き出し家具

コラム

押し入れの中段を外して使いやすい収納に

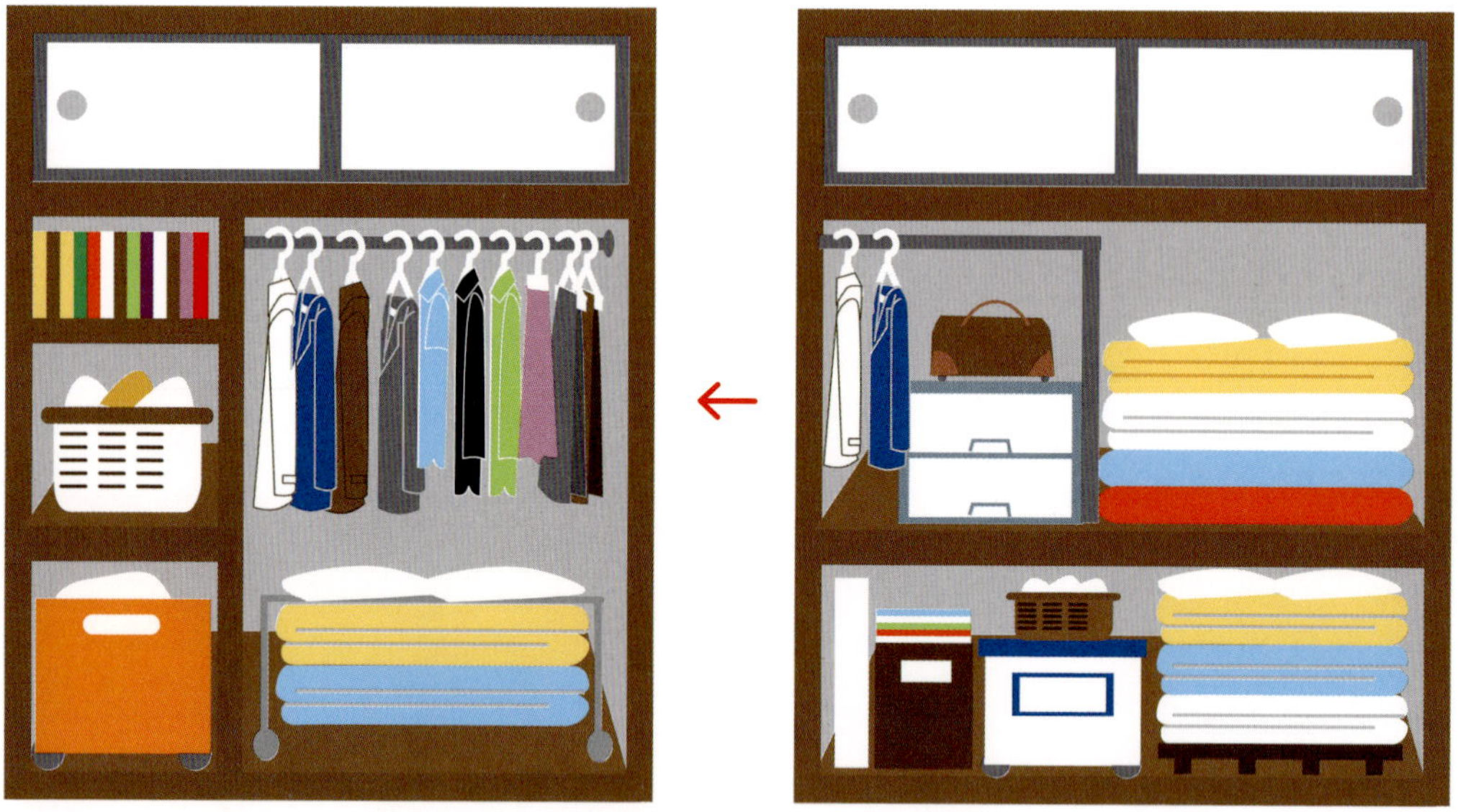

押し入れをクローゼットに

押し入れの全体を見て、布団の収納で半分しか使われていなかったり、「もっと使いやすい収納スペースが欲しい」と思ったりしたら、中段を外すことを考えましょう。もちろん賃貸の場合は原状回復が約束なので、それがムリなら諦めます。

中段を外すことで、見通しがよくなり、何より使いやすくなります。中段を外したあと、生活用品を入れる場合は、奥行き40㎝くらいの棚をつけます。クローゼットにしたい場合は、ハンガーパイプや棚を設置します。布団も、通販で売られている布団ラックを使えば気持ちよく収納できます。つまり中段を外せば収納の万能選手になるということです。

これから家を建てる場合、余計な押し入れをつくらないようにしましょう。このような手間をかけずにすみます。

1 まず、中段を外しても建築的に問題がないかを、必ず確認しましょう。自分で判断できない場合は、リフォーム業者などに聞きます。

2 何を入れるかを、把握しましょう。それによりハンガーパイプをつけたり、棚を組んだりなど、加工方法が変わります。

3 実際に外しましょう。一般的な押し入れは、イラストのように順に外します。自分ではムリと思ったら、リフォーム業者に頼みましょう。

4 入れるモノに合わせて、中を加工します。

中段の外し方例

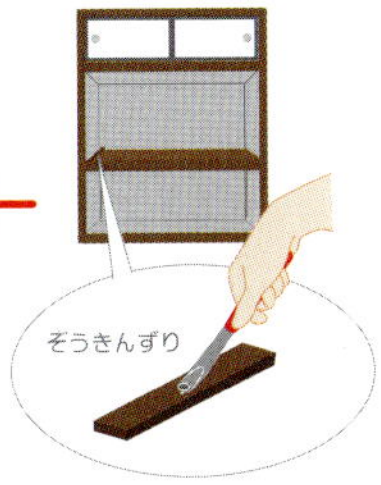

中段の板や床の部分の端にある角材をぞうきんずりという。その部分に打ち込まれているクギを抜く。

中段の板に打ち込まれているクギを抜き、上のベニヤ板を外す。

その下にある板を支えている棒状の木をすべて取り除く。

壁についている棒状の木に打ち込まれたクギを抜く。

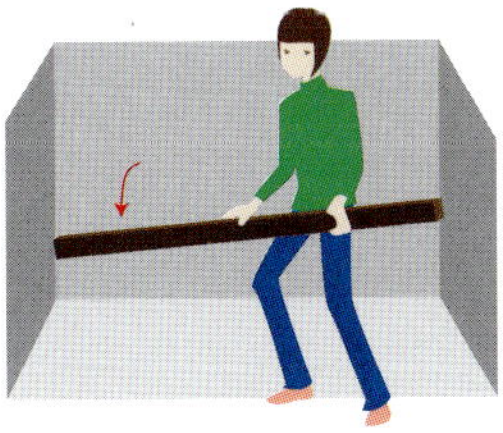

クギが抜けたら、板の中心を持って静かに外す。

すべて取り除き、木材のクズを掃除したら完了。

ほかの生活用品を入れるなら

生活用品のほとんどは奥行き40cmくらいの棚があれば十分です。次の3つのことに注意しましょう。

❶棚の高さを自由に変えられるようにすること
❷掃除機やモップなどタテ長のモノを入れる場合はタテ長のスペースを設けること
❸重いモノを置く場合は、棚の強度を考え、あまり棚幅を大きくしないこと

布団はすのこ板やふとんラックを使って床に置いてもよいでしょう。

クローゼットにするなら

ハンガーパイプのビスをしっかり留められるように、両脇に厚みのある板を釘で留め、その板にパイプのソケットをつけます。そのほか、引き出しや棚を衣類に合わせて揃えて設置します。

衣類の収納ポイント
衣替えのない収納に

次の3通りの収納は、すべて1《ワン》アクション収納。持っている服をすべてこの方法で収納すれば、もう衣替えは不要です。

つるす

ハンガーに掛けてつるす
フックにつるす

服の最もラクな収納法は、つるすことです。なぜなら、たたまなくてもいいから。場所がある限りつるしましょう。しかし、袖が重いセーターなどは、ハンガーのあとがつくのでたたんでしまいます。

広い場所があれば、ラクに収納できるということですね。

たたんで引き出しに入れる

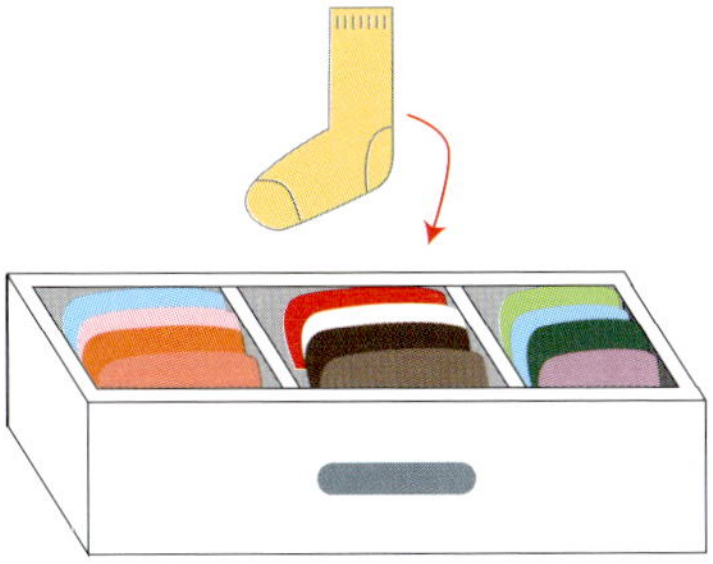

たたんで棚に重ねる

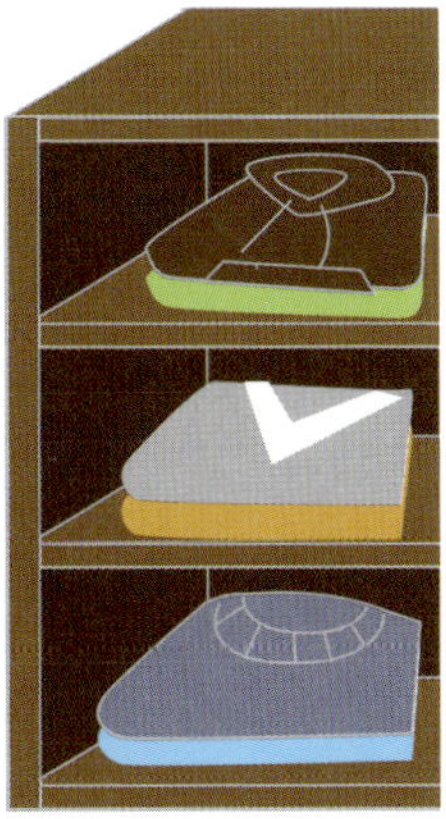

たたんだ服は引き出しよりも棚へ

たたんだ服は一般的に整理ダンスの引き出しに入れますが、何段目にどんな服が入っているかを覚えていない限り、複数の引き出しを開けたり閉めたりしなければ、着たい服が見つからないのが通常です。それに比べ、棚に重ねて置くと、扉を開けただけで入っている服のすべてがひと目でわかります。

下着や靴下などは、引き出しに

シワが寄っても問題のない下着や、並べておかないと選びにくいランジェリーなどは、浅めの引き出しに仕切りを入れて並べます。下着や靴下などは場所をとらないので、収納用の引き出しはそれほど多くは必要ありません。

ハンガーに掛けてつるす
フックにつるす

最もラクな衣類の収納方法です。基本的に1本のハンガーに1着、またはコーディネートした一式を掛けます。違う服を重ねて掛けると、「確かあったはず」と探すことになったり、忘れてしまったり、どちらかになりがちと思ったほうが賢明です。

2段にして、可能な限りハンガーパイプの幅を確保しましょう

既存のクローゼットでも、上部の棚を外して2段にできることが多いものです。時間やお金をかけても最大の長さを確保して、それ以上の衣類は持たないことを目指しましょう。

可能な限り、ハンガーパイプの幅を確保するようにリフォームした、ウォークインクローゼットよりも狭いステップインクローゼットです。コート用は1段で左右両サイド。突き当たりは2段にしています。

ハンガーを使い分ける・揃える

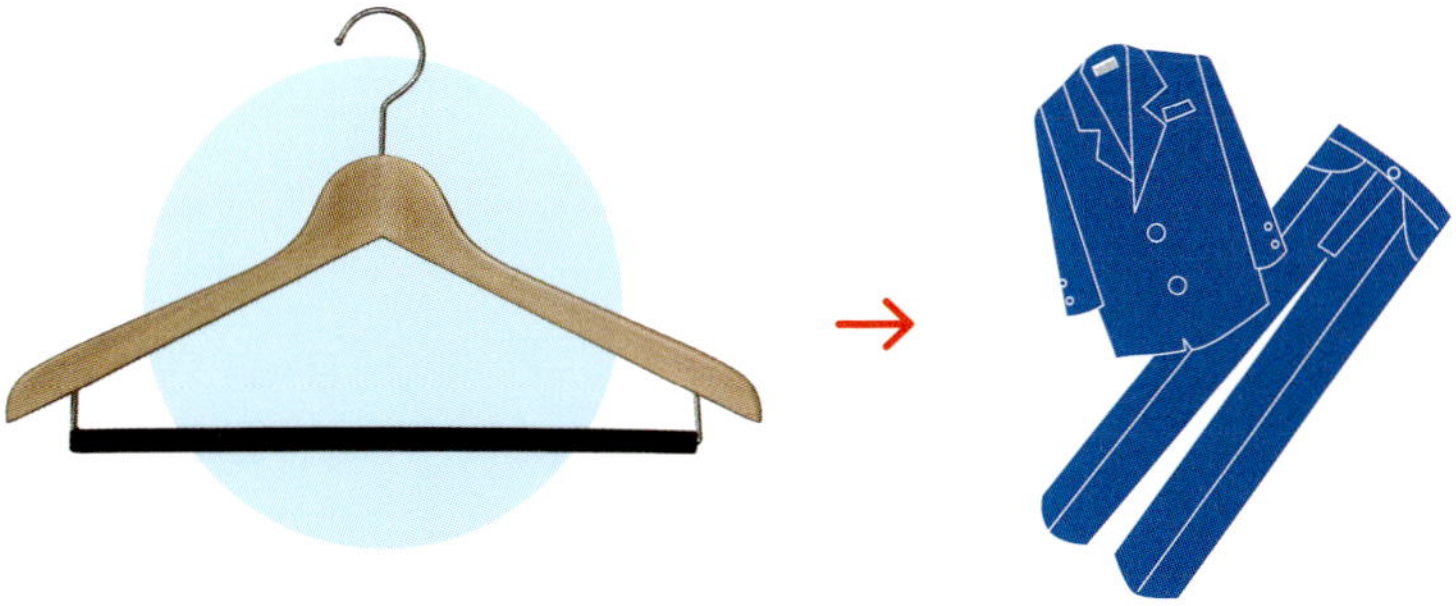

スーツ用

バーに滑り止めがついているので、スラックスがずり落ちにくく、掛けやすいハンガーです。

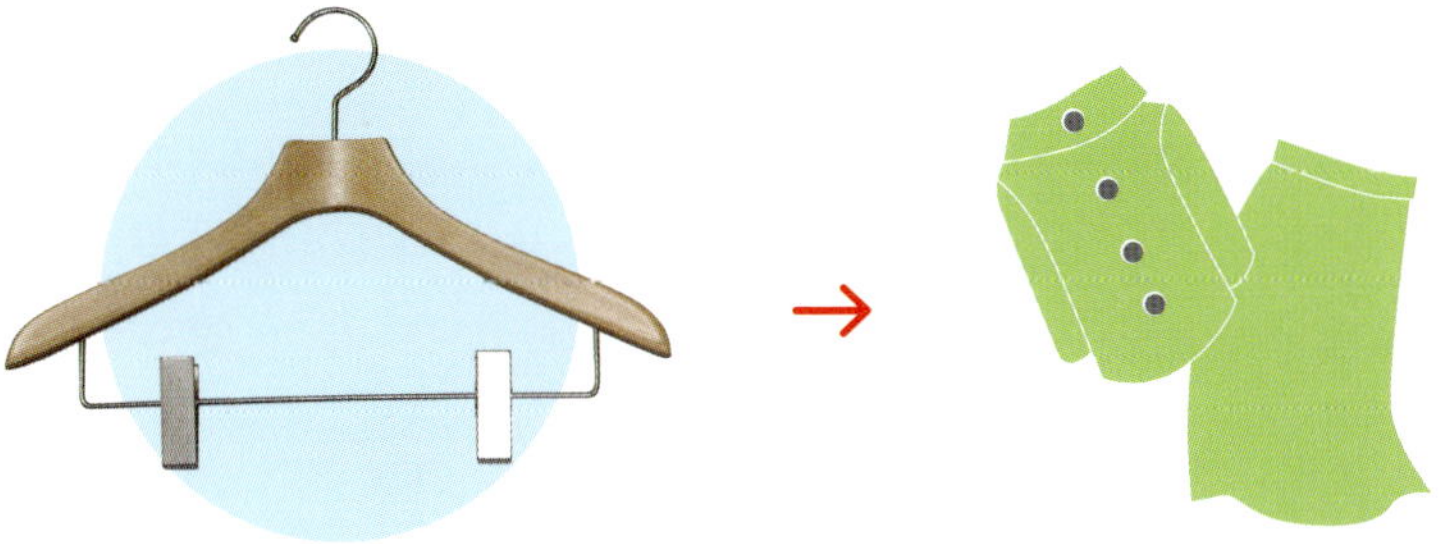

スーツ用（女性）

女性のスーツやスカート、コーディネートした一式を掛けます。女性のパンツは軽いので、裾をクリップに挟んで逆さにしても型が崩れず、ある程度のシワも取れます。

スラックスやスカート用

❶のようにしっかり挟めるものを選びましょう。❷は滑り止めの樹脂がコーティングされています。木製も機能的には同じなので、価格または好みで選びます。ちなみに、樹脂のほうが安価です。
❸は、服をセットするのが❶よりもラク。クローゼット収納でお伝えした一時掛けフック（P.101）などにいったん掛けてつるすと、ラクにセットできます。

たたんで棚に重ねる

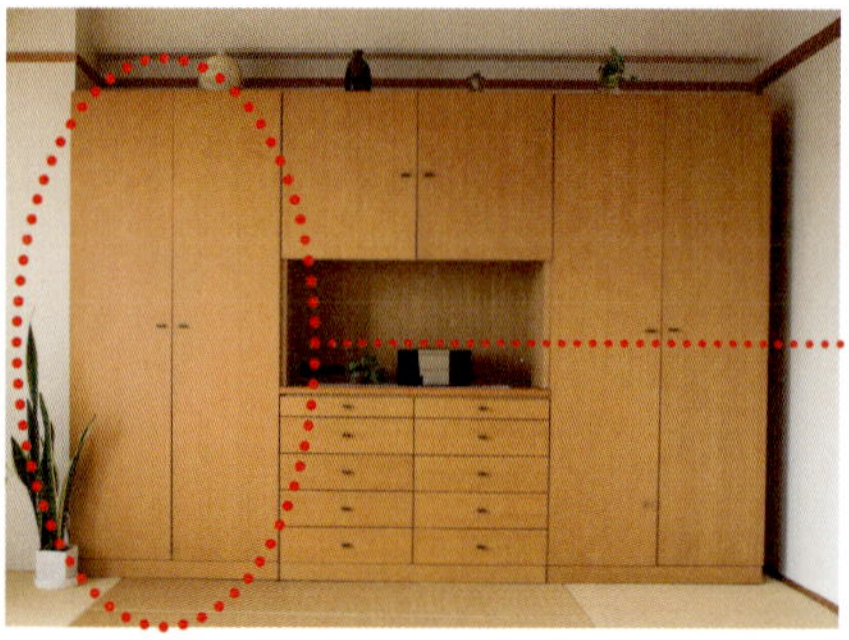

棚は衣類が一目瞭然！たたんだ服、パジャマなど、どんな服でも収納ＯＫ

衣類が一目瞭然になる棚の家具を探しても、適した家具はなかなか見つからないものです。その点、さまざまなサイズや機能が揃っているシステム家具なら、理想の家具が揃います。写真は、一見衣類収納とはわからないように組み合わせたシステム収納家具です。

不要な服を溜めないためにも棚収納が理想

服が溜まるのは、着尽くしていないからです。このような棚収納にすれば、着ていない服がよくわかり、処分しやすくなります。家具を選ぶとき、棚の高さを自由に調節できるものを選びましょう。さらに、棚板を買い足せるとベストです。

写真の家具のサイズは幅80㎝×奥行き40㎝×高さ１７６㎝で、たたんだ服がちょうど3列に収まっています。幅が60㎝なら、ゆったりとスペースをとって2列にします。姿見の鏡も扉裏（写真では左扉の裏）につければ、部屋もスッキリし、掃除のときもじゃまになりません。

POINT 1 普通にたたんで、きちんと重ねる

普通にたたみ（P.116からのたたみ方参照）、きちんと重ねます。洗濯して戻すときは上に重ねます。自ずと着ていない服が下になるので、処分するときは下から確認していけば、処分しやすいというわけです。

POINT 2 やわらかい素材の服はトレーを利用

重ねると折りジワがついて困るやわらかい素材やスカーフは、トレーを使います。場所をとりますが､アイロンを掛けるなどの手間が省けます。

クイック収納の知恵 着たい服を取り出すときのコツ

お目当ての服の上に奥まで手を入れて、さらに指を開き、上の服を持ち上げながら、逆の手で"ふわっ"と持ち上げるようにして取ります。そうすれば下の服がバサッと落ちることがありません。

たたんで引き出しに入れる

整然と並んだ下着や靴下。
「うわー、こんなに丁寧にできない」
と感じるかもしれませんが、
逆にこうすることでいちばん手間がかからず、
余分な場所も必要としないのです。

基本的に同じ種類の服をタテ1列に並べること 仕切りも必要不可欠

タテ方向に同じ種類のモノを入れて仕切ると、少し引いただけで必要なモノが取れるほか、枚数の加減があっても融通が利きます。靴下とハンカチなど一緒に出したいものは同じ引き出しに入れます。

また1枚1枚がはっきりわかるように、たたんで輪になったほうを必ず上に向けて入れましょう。

引き出しの中に入れる仕切りは、P.158〜159のコラムを参考につくりましょう。

引き出しがなくても トレーに入れて棚にセット

引き出しがない場合は、トレーに衣類を入れ、それを棚にセットします。上の棚との間にゆとりをもたせれば、扉を開けるだけの1アクション収納になります。写真の商品は、幅違いが3サイズ。奥行きは同じです。奥行き40cmの棚にぴったりセットできます。

ショーツを収納

男性用のトランクスを収納

引き出しに入れるときと同じたたみ方です（P.118～121参照）。トレーの幅にできるだけ合わせてたためば、無駄がありません。

Tシャツを収納

TシャツをP.116～117のたたみ方にして、さらに三つ折りにして立てています。Tシャツなどで、多少のたたみジワが気にならない衣類は、棚に重ねるよりも、引き出しに立てたほうが見やすく、出し入れしやすくなります。

衣類のたたみ方

衣類をたたむとき、とくに工夫する必要はありません。
気をつける点は、平均した厚みにすること、
余計なシワをつけないことです。

長袖Tシャツ

1
後ろ身ごろを上にして平らに広げます。

2
身ごろをタテに折り、袖を身ごろのラインに沿って重ねます。

3
あと一方も同じようにタテにたたみます。そのとき、襟ぐりから左右同じ長さのところで折るようにすると、返したときに美しく見えます。

4

ヨコに半分に折ります。

5

ひっくり返して前身ごろを上にして完成。

ラクラク収納の知恵

厚紙を使ってたたむ方法

どれも同じ幅できれいにたためるように、ガイドペーパーをつくります。幅はたたみやすく、入れる場所にちょうどいいサイズに。中心に印をつけ、角は丸く切り落とします。それを襟ぐりの中心に当てます。

←

両脇と両袖をガイドに沿ってたたみます。

←

ここでガイドを抜き取り、長袖Tシャツのたたみ方*4*と同じようにヨコに半分に折ります。幅が揃って、棚に置いたとき満足感があります。

女性用下着

下着はシワになってもかまわないので、入れる引き出しの幅や高さに合わせて、効率のよい大きさにたたみます。ここで紹介するたたみ方の例は、引き出しサイズに合わせながら、膝の上でも素早くたためる方法です。

ショーツ

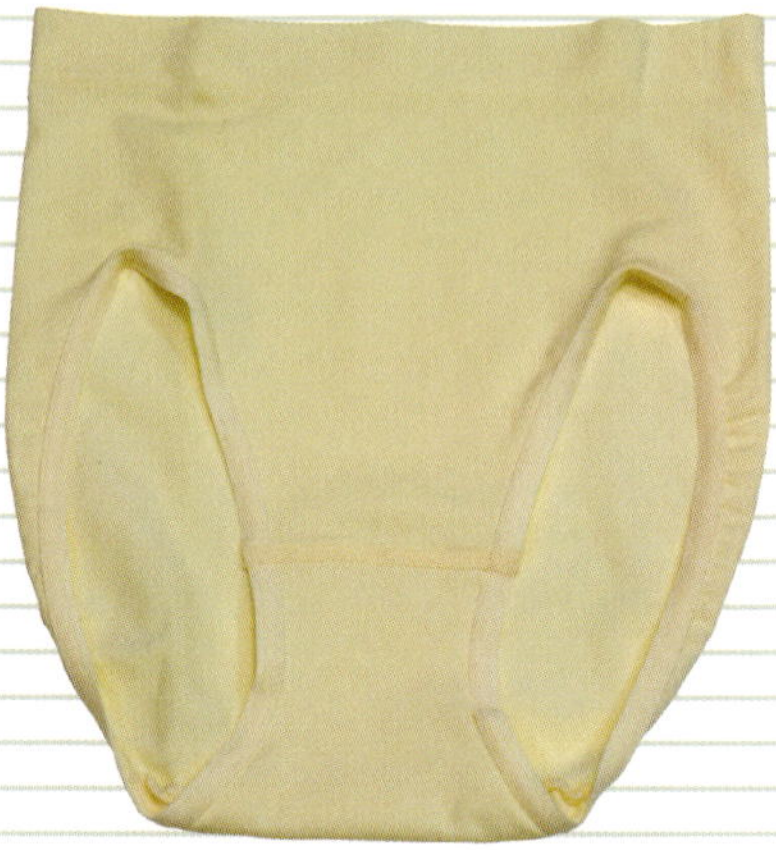

1 上向きにして平らに置きます。

2 下のほうから持ち上げてヨコに折り、重ねます。

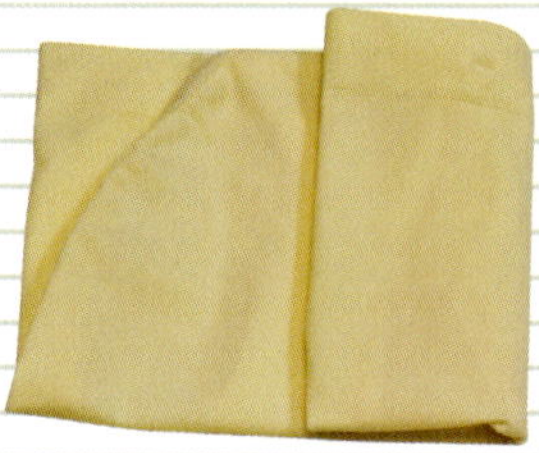

3 片方を3分の1折ります。

4 残りの片方も折ります。

5 さらにタテ半分になるように1回折ります。ここがミソ。引き出しに並べたとき、まとまりやすいのです。

キャミソール

1 全体を広げます。膝の上でたたむときは肩のほうを手前に置きます。

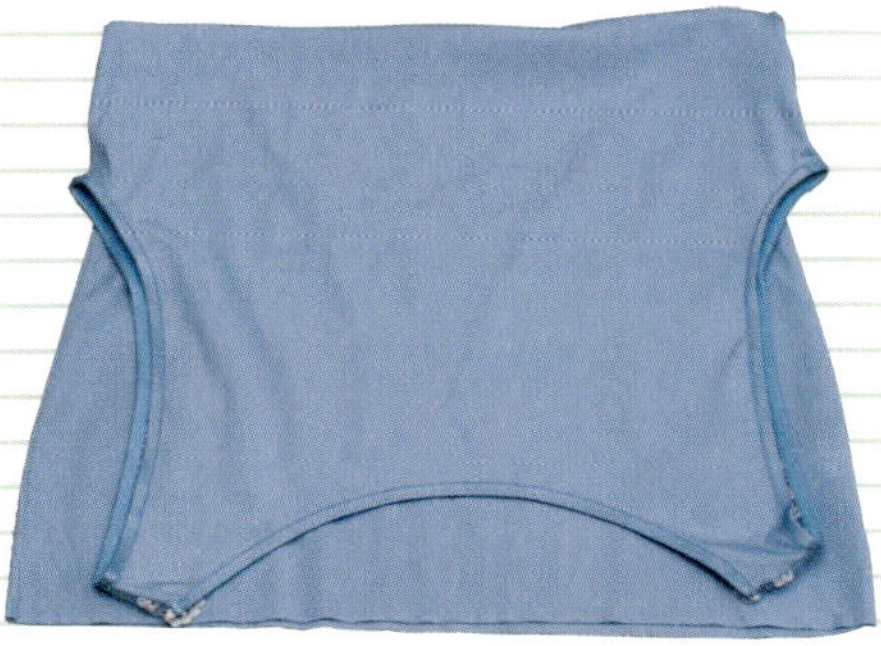

2 ヨコ半分に折ります。

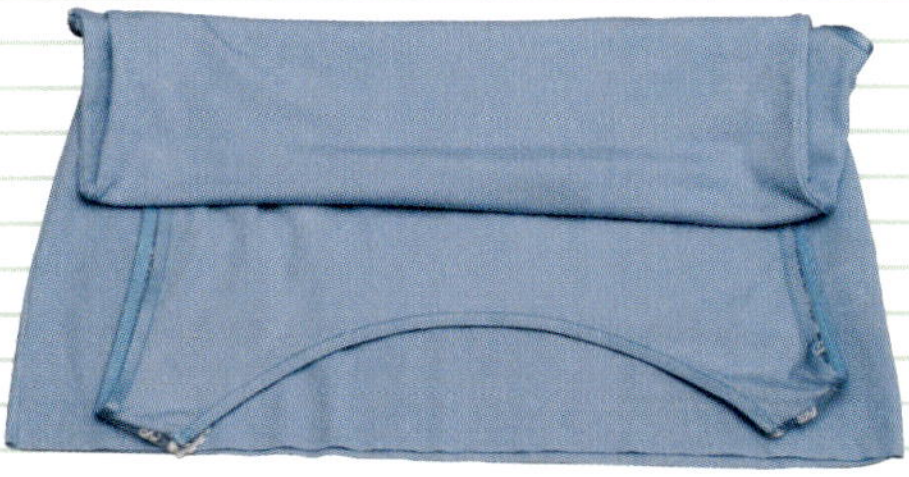

3 さらに3分の1をヨコに折ります（これが基本のたたみ方です）。

4 3で残した3分の1を上に折ります。

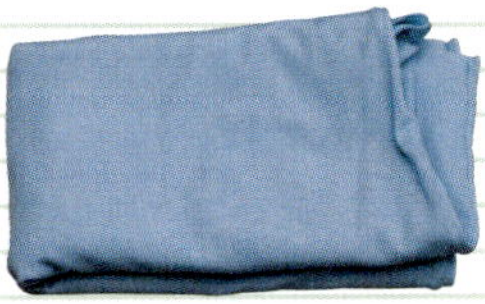

5 そしてタテに半分に折ります。
幅がある引き出しの場合は3のところで2分の1に折り、浅い引き出しの場合は5のところで三つ折りにしたりします。

6 さらに、タテに半分に折ります。これで基本のたたみ方が完成です。

この下着に限らず、引き出しのサイズで折る回数を変えて、効率よく収納できるようにします。実際に、次に折り方をご紹介しているトランクスで比較してみましょう。

男性用下着

その1 幅をとらないたたみ方

1 平らに広げます。そのためにも、干すときにきちんとシワを伸ばしておきましょう。

2 タテ半分に折ります。

3 もう一度タテに折ります。

4 3分の1のところでヨコに折ります。

5 もう一度折ります。これで完成です。

その2 幅があってもいいたたみ方

1 タテに3分の1
だけ折ります。

2 残りの3分の1も
タテに折ります。

3 次にヨコにも3分の1
だけ折ります。

4 残りの3分の1もヨコに折ります。
スペースがあると、このように折る回数を減らすことができます。

靴下

1 左右両方を
きちんと重ねます。

2 半分に
折ります。

3 それをさらに3分
の1だけ折ります。

4 残りの3分の1を折ります。こうすることで厚みが出て、引き出しに収まりやすくなります。

※ゴムのところで折らずにすむのは、引き出しに仕切りを入れるからです。
仕切りの幅を少しきつめにすれば、入れたモノが広がりません。

手本にしたい収納のコツ 9

厚紙を使って立てて引き出しへ

たたんだ服は棚に置くと見やすいとわかっていても、そうかんたんに今ある「引き出し」から「棚」に替えるわけにもいきません。その場合は、少しでも見やすく、出しやすくするために、立てて入れましょう。やわらかい素材は丸めると小ジワがつくので、立てるために台紙を使います。

台紙の高さは引き出しの高さに合わせます。P.116～117のようにたたんだ服の上に台紙を置きます。

台紙を真ん中に挟みます。

台紙ごと持って、引き出しに立てます。びっしり入れない場合は倒れるので、倒れ防止にブックエンドなどを使います。

手本にしたい収納のコツ 10

オフの衣類をラクにしまう方法

セーター

棚に重ねたまま、チャック式の袋に入れます。虫食いが気になるなら、防虫剤や乾燥剤などを一緒に入れておきましょう。こうしてオールシーズン同じ場所に収納しておくと、急に寒くなってもすぐ出せるので、合理的です。

冬ものの上着、コートなど

ハンガーにつるしたコートやジャケットもつるしたまま、カバーを掛けます。最近では、数着まとめて掛けられる便利なものがあります。私の衣替えといえば、こういったカバーや袋に入れたり出したりするだけ。あの大変な衣替えはもうしていません。

手本にしたい収納のコツ 11

服の一時的な置き場所をつくろう

一度着て、洗濯するまで数回着る服の置き場所に困っていませんか？　これこそが部屋が散らかる大きな要因に。それを解消するのが一時掛けです。

◎

椅子の背のように手軽に掛けられる一時掛け。バーが2本あり、たくさん掛けられます。またキャスター付きなので、掃除するときもラクに移動。置き場所は着替える場所となります。

△

このタイプは失敗でした。バーが5本あってたくさん掛けられると思いましたが、上のバーに掛けると、下のバーが隠れてしまい、掛けるのも億劫です。とにかくラクにできないと、続かないものです。

スーツにおすすめの一時掛け

これはスーツ用の一時掛けです。上着を掛ける場所はハンガーの形になっています。スラックスも手前にスッと掛けられるので、シワになりません。

クイック収納の知恵　一時置きの場所は棚でもOK

セーターはここで紹介しているような一時掛けがあっても掛け切れません。その場合は、かんたんにたたんで棚に置いてもいいのです。

とにかく、「ここがまた着る服の一時置き」という場所を決めておき、着替えるときは必ずそれを確認してから、服を選ぶようにします。

部屋別
Room Type

子ども部屋

子ども部屋に必要な収納をととのえる

子どもにとって必要な家具は次の5つです。

1 学習机

2 教科書や参考書を入れる奥行き30cmくらいの本棚

3 学用品やおもちゃを入れる奥行き40cmくらいの棚

4 衣類を入れる収納場所

クローゼットがなければタンスを用意します。

5 寝具類

ベッドでも、夏の間は冬の掛け布団の収納場所が必要です。できるだけ、その部屋内に収納します。

Children's Room

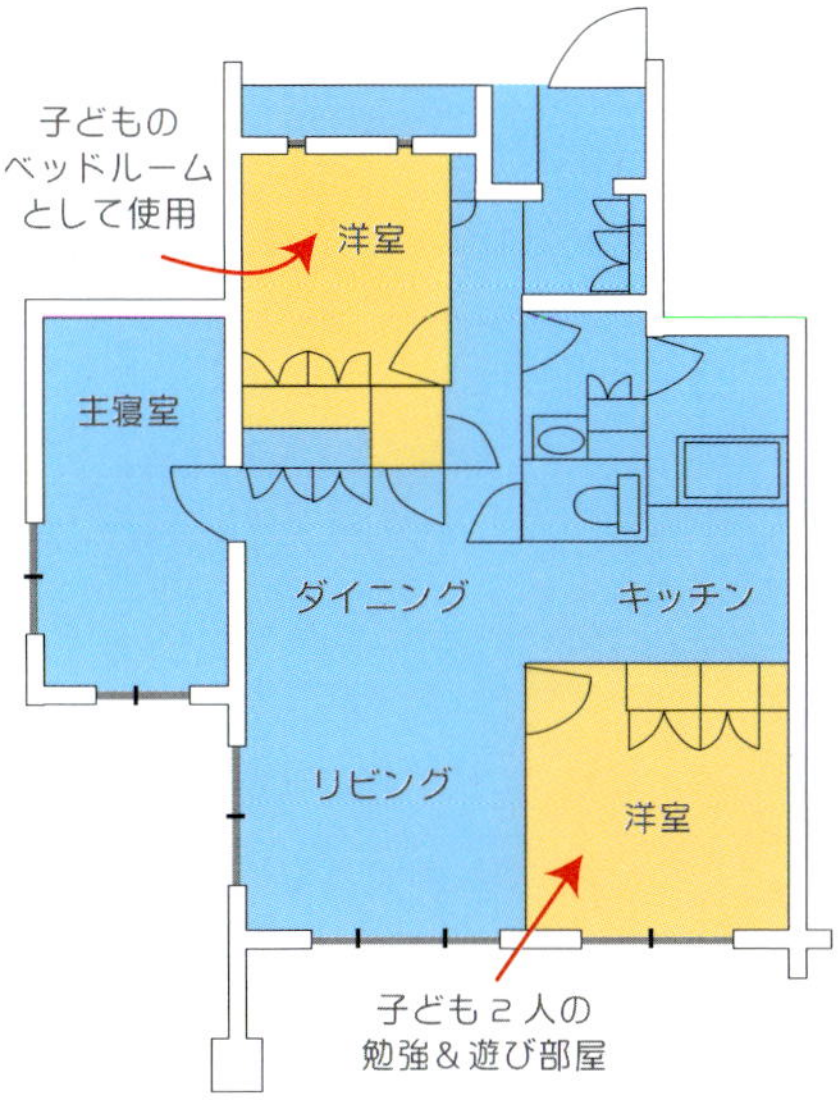

家具選びは成長に合わせてずっと使うことを念頭に

子ども部屋といっても、家具は大人になるまで使います。家具を選ぶときは成長に合わせて、ずっと使うことを考えましょう。

前ページの5点が揃っていると、中身が変わるだけで成長に合わせてずっと使えます。

年齢によって部屋の使い方を見直す

また、この写真のお宅は子ども部屋が2部屋あります。1部屋を勉強&遊び部屋、もう1部屋をベッドルームにして一緒に寝ています。遊び部屋はベッドを置いていない分、おもちゃなども広げられるし、遊ぶスペースとして広く使えます。

下のお子様が小学校に入学したら、それぞれの部屋をひとりずつに分けて使う予定だそうです。このように、年齢に合わせて部屋の使い分けを考え、それぞれの時期でいちばん適した使い方をしていきましょう。

衣類

子ども部屋のアイテム 1

子どもの衣類収納も基本は大人と同じ

置き場所&入れ方

低学年頃までの小さな服は、たたんで引き出しに並べる

衣類収納も大人と同じように初めから、①たたんで棚に重ねる、②引き出しに並べる、③つるす、の収納場所を用意しておきます。

こうして揃えておけば、サイズが小さい頃は棚に重ねるよりも引き出しに並べるなど、臨機応変にそれぞれ自由に扱いやすい場所を使えます。

クイック収納の知恵

パジャマにも定位置を！

まだ洗濯しなくてもいいパジャマの指定席を着替える場所にセット。こうすれば、「ベッド上に放り投げたまま」を防げます。

Child's Room

子ども部屋のアイテム 2

おもちゃ

置き場所&入れ方 同じ種類のブロックや積み木は、種類別に分類してボックスに入れ、棚にセットする

高さを調整できる棚を用意。棚板の高さを調節すれば、ゲームやジグソーパズルも、見やすく、出しやすく、効率よく収納できます。このときもボックスの上にゆとりをもたせることが重要です。それは、扉を開けただけで中身が見えるようにするためです。

「すぐ遊べる、自分で片づけられる」収納が子どもの自立のためにも必要です

Child's Room

子ども部屋のアイテム 3

ランドセル・文房具

置きやすく、中身を入れ替えやすい場所に

置き場所&入れ方

学習机のそばに無理なく中身が出し入れできる方向に置く

　ランドセルを写真の置き方にすれば、ランドセルのフタを開けたときにフタは下に垂れるので、中身を入れ替えるとき、じゃまになりません。毎日のように使うザック類も無造作に置ける指定席（ランドセルの左）を設けておくと、片づけの習慣が身につきます。

クイック収納の知恵

机上の文房具も、ひと目でわかる収納に

よく使う文房具を一式入れる収納用品です。仕切りの位置を自由に変えられるので、筆記用具をまっすぐ立てられます。消しゴムやクリップにも指定席を設けた、メーカーと共同開発した収納グッズです。出し入れしやすく収まっていると、使ったあとも片づけやすく、モノを大切に使う習慣もつきます。

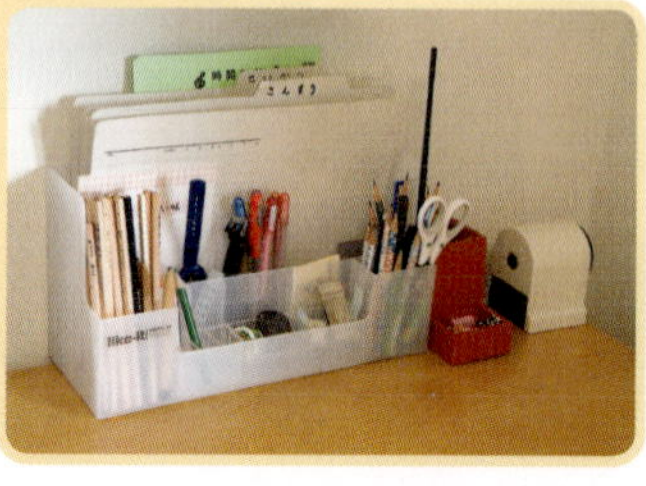

Child's Room

子ども部屋のアイテム4

お稽古バッグ

種類が多いお稽古バッグ、学校の上履きなどにも指定席を

置き場所&入れ方

棚板の高さを調節して効率よく、モノの指定席を決める

お稽古事によって違うバッグ類、また、週末に持って帰ってくる上履きや給食当番の白衣などは、ランドセルのそばの目につく場所に指定席を設ければ、月曜日に忘れ物が減少します。

こうして指定席が見えていると、空席が目立つので、使ったら戻すことが自然に身につくようになります。

また長い夏休みなど、学校から持って帰ってくる道具箱などにも指定席を決めておくと、新学期が始まったときに慌てなくてすむでしょう。

同じ棚を赤ちゃんから大人になるまで使う

子ども部屋には奥行き30cmくらいの本棚と奥行き40cmくらいの学用品を入れる棚が必要です。両方の家具を置く壁面がない場合は、上下で奥行きの違う棚（P.126参照）が便利です。さらに、棚板を移動して高さを調節できると、年齢によって置くモノが変わってもずっと使えます。年齢によってリビング、それから子ども部屋へと、置き場所を変えることもできます。具体的に年齢別の使い方を見てみましょう。

3～4歳の頃

オモチャや絵本を置きます。子どもの目線で、位置や場所を考え、手が届くところに配置しましょう。必要に応じて棚板の高さを調節します。置き場所はお母さんの目が届くリビングです。

赤ちゃんの頃

買い置きの紙おむつやケア用品。タオルやペーパー、粉ミルク、リビングに置き切れないおもちゃなどが主なものです。

そのほか、リサイクルで回ってきたモノや、もっと大きくなったら使う衣類やおもちゃなど、あちこちに散在させず、ここにまとめれば、必要なときに忘れずにすぐ使えます。

棚の置き場所は、子どもがリビングで遊ぶ場合はリビング、または子ども部屋にする予定の部屋。

高さがある家具は圧迫感があってリビングに置きたくないという場合、上下で分けられる家具なら、下の奥行きがある部分だけを使い、残りは子ども部屋に置くという使い方も可能です。

中学・高校生の頃

この年齢になると、教科書や参考書、オーディオコンポやスポーツバッグ、CDなど、また女の子なら、髪飾りなど、おしゃれグッズが増えます。それらもトレーにまとめて棚に置きます。

幼稚園や小学生の頃

ランドセルや本、教科書、学用品を入れます。ブロックやぬいぐるみなど、まとめられるものはボックスに入れ、本が倒れるようなら、しっかりしたブックスタンドを使います。この年齢ぐらいから、子ども部屋に置きます。

洗面所

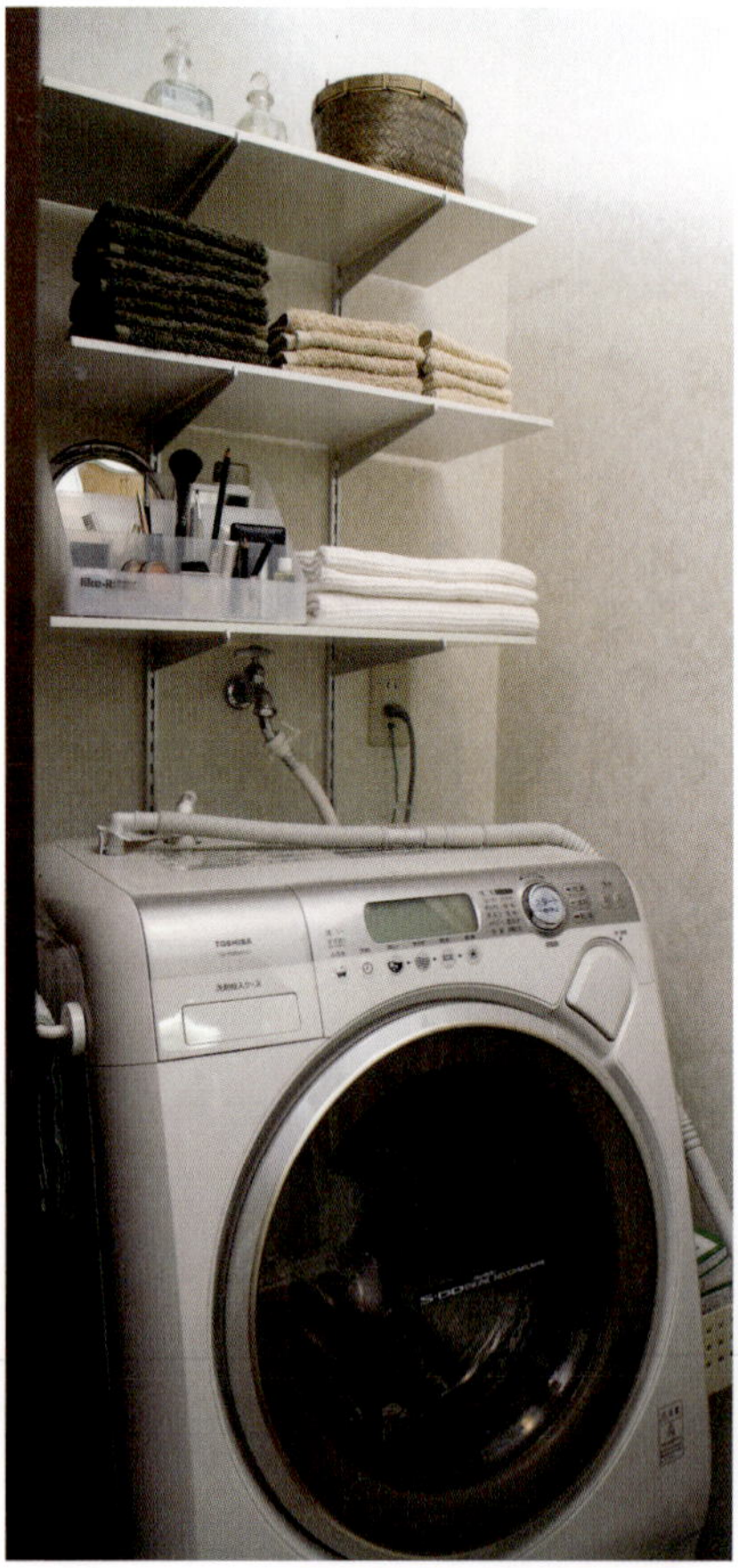

サッと拭けて、いつでもスッキリした洗面台に

洗面化粧台は、置くモノを最小限にすると、カウンターの水ハネもすぐ掃除できます。そのためにも、もう使っていないモノをまず処分。

タオル類はすぐ取れるように、扉のない収納が理想です。床も、サッと拭けるように、洗濯機にタオルバーを取りつけて雑巾を掛けておきます。毎日、掃除をしなければならない場所なので、できるだけ凹凸の少ない収納にしましょう。

収納のポイント

その1 ティッシュは壁につける、腕時計の指定席をつくる

ティッシュペーパーも専用のグッズを使って壁に取りつけると、カウンターの掃除がしやすくなります。腕時計は手を洗う場所に指定席を設けると、すぐ掛けられるので探すことがなくなります。この場所のほか、主婦の場合、キッチンの前にも時計専用のフックがあると便利です。

その2 見た目もスッキリ美しく

年配の方がいらっしゃると、部分入れ歯など、見たくないけれどそこに置かなければならないモノがあります。その場合は、フタをすれば何が入っているかわからない容器に入れます。ちなみに写真はフタ付きのハーブティー用カップを使っています。

その3 手間がかからない入れ方にする

「歯ブラシや歯磨きチューブ入れをステキなデザインのものにしたのに、いつも家族が出しっ放しにしてしまう」ということはありませんか？そのあと片づけが面倒な場合は、無造作に投げ込んでもOKという収納グッズを使い、入れやすくします。ななめにならないように、中にコップなどを入れて立つように工夫します。

その4 掃除のしやすさも考えた収納に

コップや洗面ボウル用スポンジ、ハンドウォッシュなど、ワイヤーの入れ物にまとめて入れます。カウンターの上を拭くとき、3つを一度に持ち上げられ、掃除時間が短縮されます。

Lavatory

洗面所のアイテム1

タオル

タオルは必要最少の枚数にして、見える収納に

置き場所&入れ方

洗濯機の上に棚を取りつけ、ハンドタオルを見えるようにたたんで棚に重ねる

洗濯機の上を有効に利用するために棚をつけます。棚柱・棚受け・棚板などはホームセンターなどで調達し、自分で取りつけることも可能です。

タオルは、洗面所とトイレ用だけをフェイスタオルにして、あとはハンドタオルにします。これで十分間に合うので、一度お試しください。揃えるときは同じものを同時に買えば、色も揃い、見た目もスッキリします。

バスタオルもできるだけ薄いタイプ（麻やワッフル織り）に替えると、すぐ乾くのでたくさん持つ必要がなくなります。タオル類を小さく薄くすることで、毎日の洗濯物のカサが減り、干すのも取り込むのもラクになります。

Lavatory

洗面所のアイテム2

洗剤・シャンプー類

本当に使うモノだけを
必要最小限に

置き場所&入れ方

ただ置くだけのシンプルな収納でOK。細かいモノはカゴを使ってまとめる

上にゆとりをもたせれば、奥のモノもラクに出し入れできます。細かいモノだけは、カゴに入れてまとめます。奥行きがあるので、前後ふたつに分け、手前はよく使う掃除用具、奥には石けんなどのストックを入れるといいでしょう。

扉の裏も有効に使いましょう。ハサミを置いておくと、洗剤やシャンプーなどを詰め替えるときに、わざわざ取りに行かなくていいので便利です。袋の注ぎ口のほか、もう1カ所を切ると、空気が入って素早く詰め替えられます。

部屋別
Room Type

バスルーム

掃除のしやすい空間に。狭い洗面脱衣所に置けないモノもバスルームへ

バスルームはかびやすいので、余分なモノは置かないようにしましょう。シャンプーやリンス、トリートメントなどは、できるだけ水はけがよいラックを選んで置きます。

収納量が多いラックを用意すると、余計なモノが溜まってしまうので要注意です。手入れをラクにするためにも、置くモノは最小限にします。

収納のポイント

その1 バケツ代わりの「洗い桶」

洗面台下にバケツを置くと、ほかに何も収納できません。洗濯物を洗剤に浸すときなど、何かとバケツの出番が多いようなら、バケツから洗い桶に代えて収納します。場所はバスルームの中。プラスチックの桶なら、火で炙った金串で穴を開けてS字フックを通せば、洗濯物を干すバーに掛けられます。これで、洗面台下を有効に使えます。

その2 脱衣カゴは日中はバスルームに

洗面脱衣所が狭い場合、日中は脱衣カゴをバスルームに入れておくと、洗面脱衣スペースが広くなります。バスタブのフタの上に置いておくと、最初にお風呂に入る人が必ず出すことになり、とくに主婦の手間もかかりません。

その3 手が届く場所に使うモノをつるす

座ったまま手が届く場所に必要なボディタオルや掃除道具があれば、立ち上がらなくても取ることができます。また、排水口などの汚れが目についたときも、手元にあればすぐ掃除できます。

日中使わないとき

お風呂に入っているとき

部屋別
Room Type

トイレ

トイレの収納はスッキリと、掃除しやすく

トイレ内に収納しておきたいモノのうち、予備のペーパーなどは座ったままで手の届くところにあるのが理想ですが、収納棚が上のほうにしかない場合は、通販などで売られている収納用品をスペースに合わせて選ぶなど、置き場所を考える必要があります。

またトイレは、1日に何度も使うので、1部屋と考え、小さめのインテリア用品を置くなどして、気持ちよい空間にしておきましょう。

Toilet

収納のポイント

その1 掃除道具などはカゴにまとめる

収納場所がない場合、掃除シート、消臭剤、生理用品などは、フタのあるカゴに入れ、トイレの片隅に置きます。
収納量を多くする場合には、幅が狭く高さがあるカゴを選びましょう。

その2 トイレットペーパーはトイレの近くに

トイレに収納がまったくない場合、予備のペーパーだけは可能な限りトイレの中に収納します。カゴに入れて、置いておくのもいいでしょう。また、予備のトイレットペーパーの一時置きとしても、インテリア用品を飾る場所としても、右のイラストのような小さい棚があると便利。写真では自分でつけられる市販の飾り棚を使っています。

Question! 先生おしえて トイレットペーパーのそのほかのおすすめの置き方は？ 1

予備のトイレットペーパーを立たなければ取れない高い場所にしか収納できない場合は、1個だけ予備に下ろし、レースなどの布をかぶせておきます。家族の人数が少ないと、これでも十分足ります。

飯田久恵式　収納の3つの基本

棚に置く
引き出しに並べる
つるす

棚

棚家具を選ぶポイント

❶奥行きを入れるモノに合わせる
　＊奥行き参考サイズ
　90・60・40～45・30・12～16cm
❷棚受けが途切れなくあり、高さを調節できる
❸棚板の枚数が増やせる

棚家具の使いこなし方

奥行きがある棚に小さいモノを収納するときは、B～Eの入れ方にすると最多2アクションで収納できる。

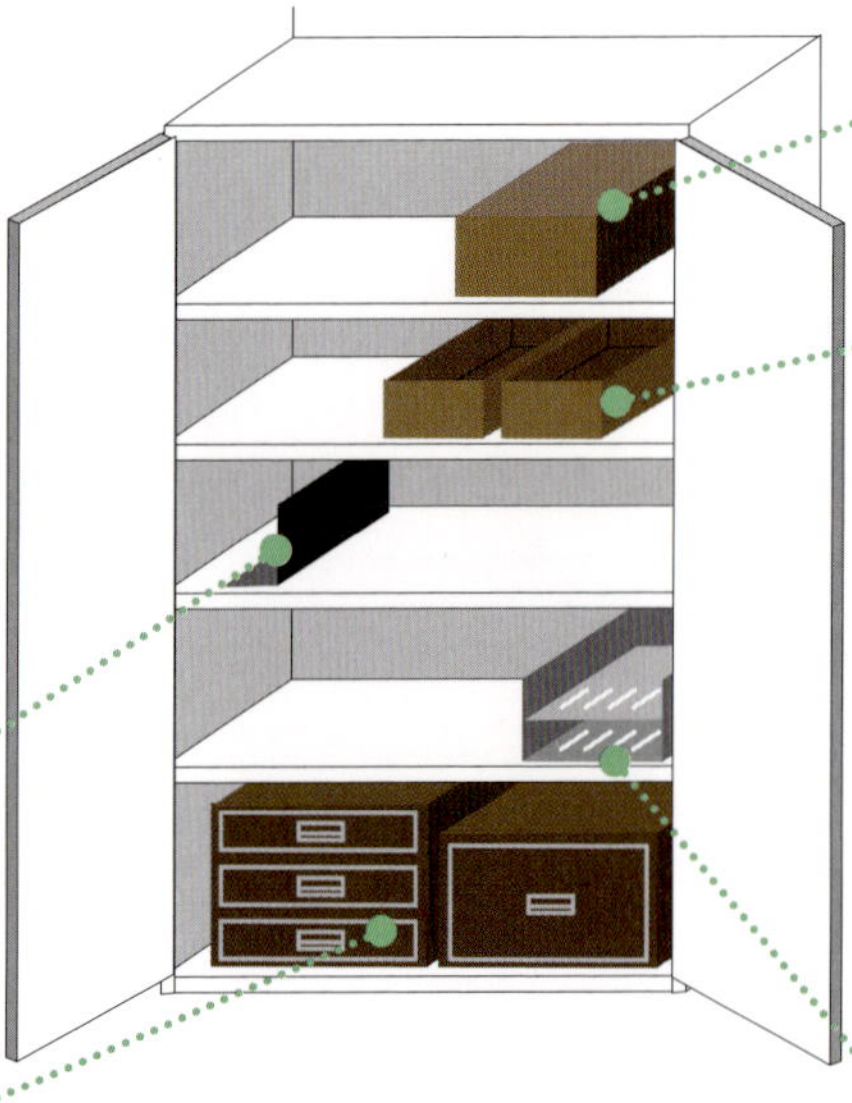

Ⓐ 棚に直接置く
大きいモノは直接置く

Ⓑ 棚＋ボックス
同時に使うモノをまとめて入れる。奥行きが同じで、幅のサイズ違いがあるものを選ぶ

Ⓓ 棚＋スタンド
倒れやすいモノを立てる

Ⓔ 棚＋引き出し
入れるモノに合わせて深さや段数を決める

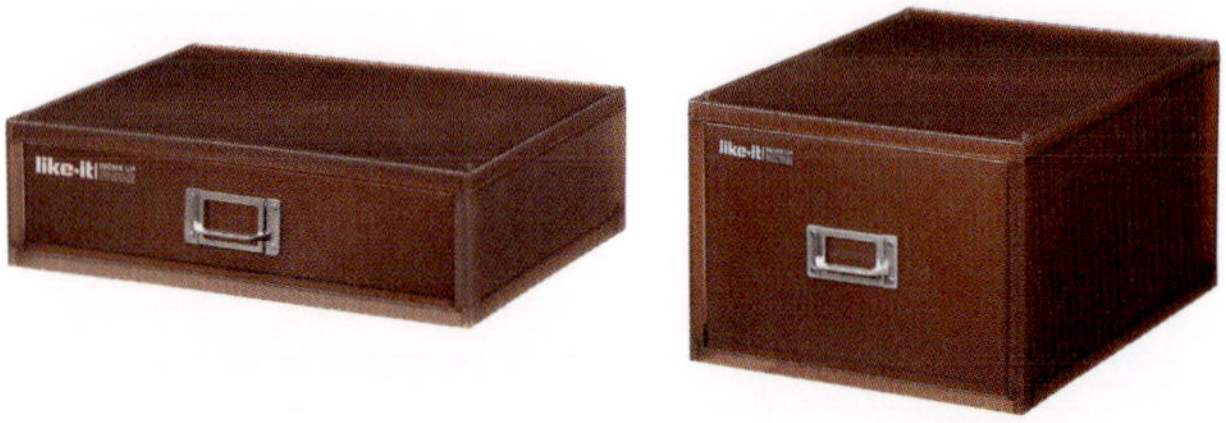

Ⓒ 棚＋トレー
スタッキングできるものを選ぶ

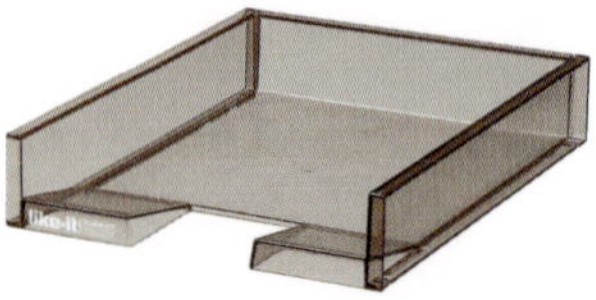

この本では、毎日の生活の中で必要になるモノ一つひとつに最良と思われる収納ポイントを紹介していますが、考え方はすべて同じです。収納の3つの基本「棚に置く・引き出しに並べる・つるす」が取り入れられています。パート1でも解説していますが、ここでもう一度わかりやすく図式で解説します。モノを収納するとき、①まずどこで使うのか、②「棚・引き出し・つるす」のどの入れ方にするのか、を決めます。例えば、小さい糸が何種類もある裁縫道具の場合、①置き場所はリビング、②入れ方は「棚+引き出し」となります（P.178参照)。

引き出し

引き出し家具を選ぶポイント

1. 入れるモノに深さを合わせる
2. 軽く引ける

引き出しの使いこなし方

重ねない・立てる・仕切る。そのために仕切り板やケースを活用する。

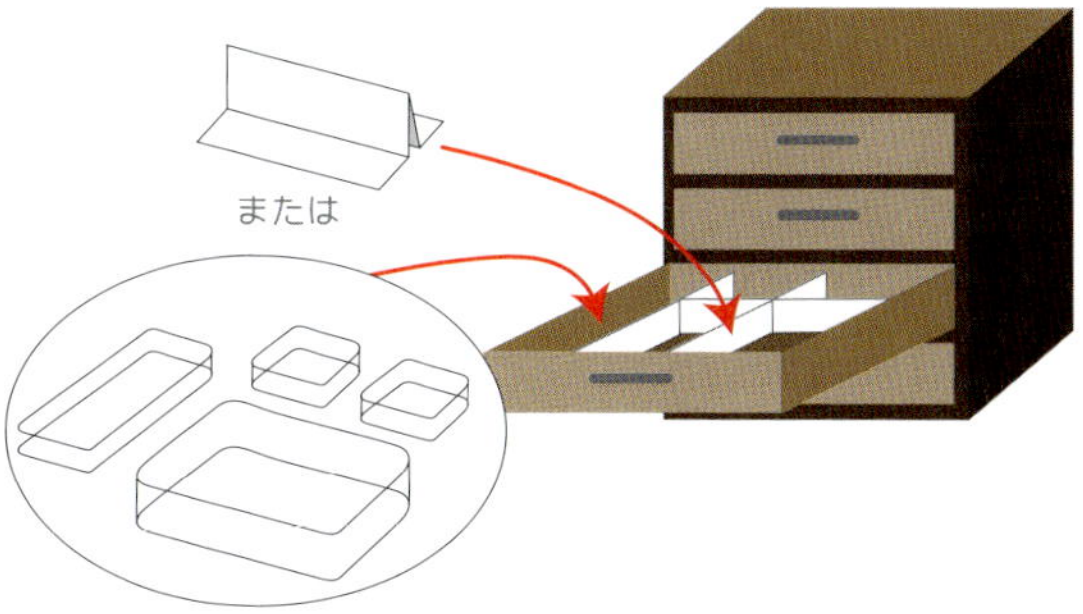

つるす

つるす家具を選ぶポイント

1. ハンガーに服を掛けるときは、奥行き60cm必要
2. コート丈以外の服を多くつるしたい場合は2段にする

つるすの使いこなし方

1本のハンガーやひとつのフックに、違う種類のモノを重ねてかけない。

コラム

「関連収納」を意識しよう

ひとつの行動に必要なモノを一緒に収納すれば収納指数の歩数も減少

モノは道具です。何か行動を起こすときに使うので、「その行動に使うモノをまとめて収納」することを「関連収納」と名づけました。

例えば、荷づくりをする場合、**ひも**があれば**ハサミ**が必要ですし、**ガムテープ**も使います。**送り状**と**住所録**も一緒にあると便利ですね。記入するための**ボールペン**もあると、あちこち歩き回らなくても事足ります。これら太文字のモノが関連収納です。「収納指数」の歩数の減らし方のひとつになります。

ほかの例として、財布やIDパスなどを収納するとき、家の鍵と定期入れをつないでおくと、外出する場合、定期入れを忘れません。このように、自分に合う「関連収納」を考えてつくってみましょう。

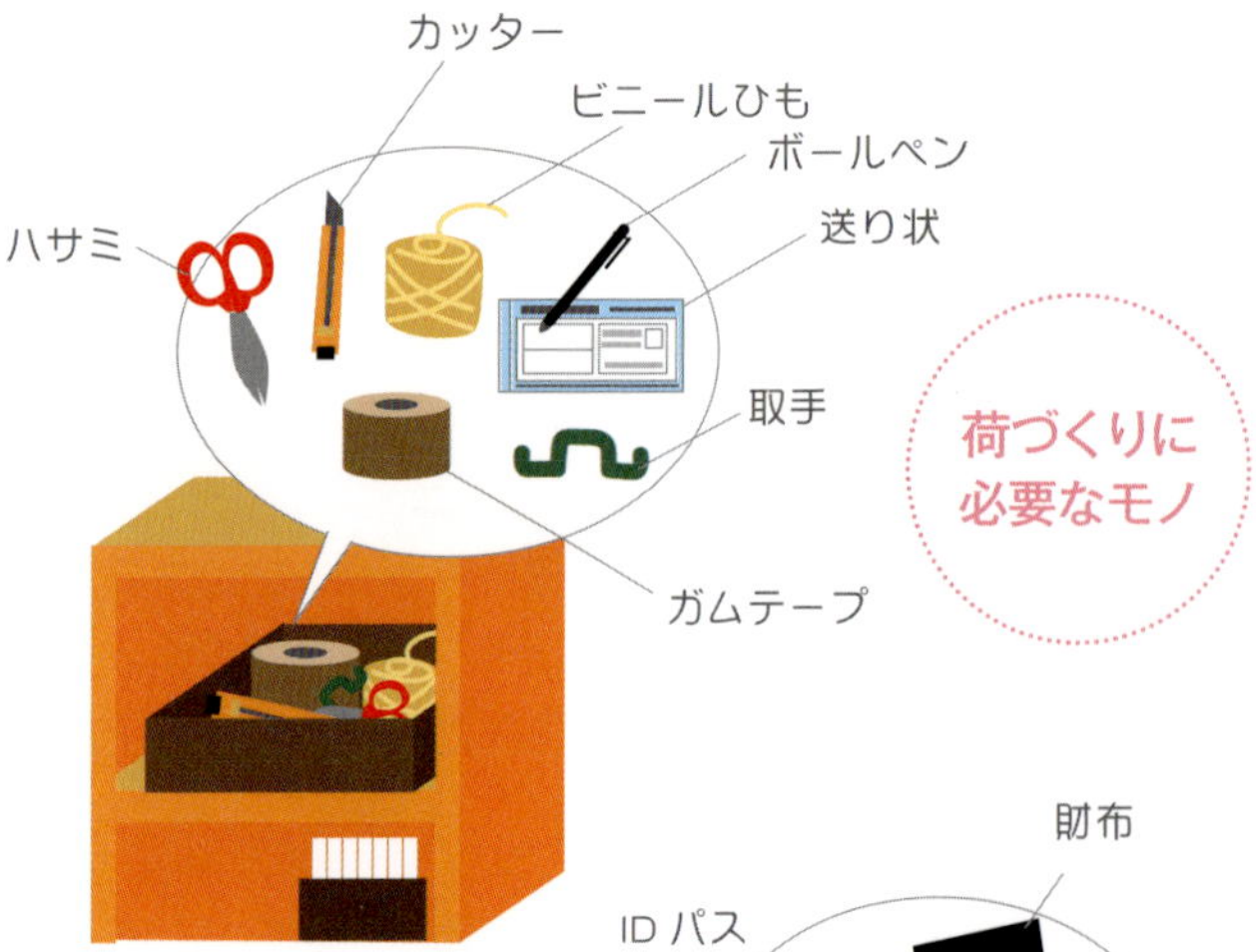

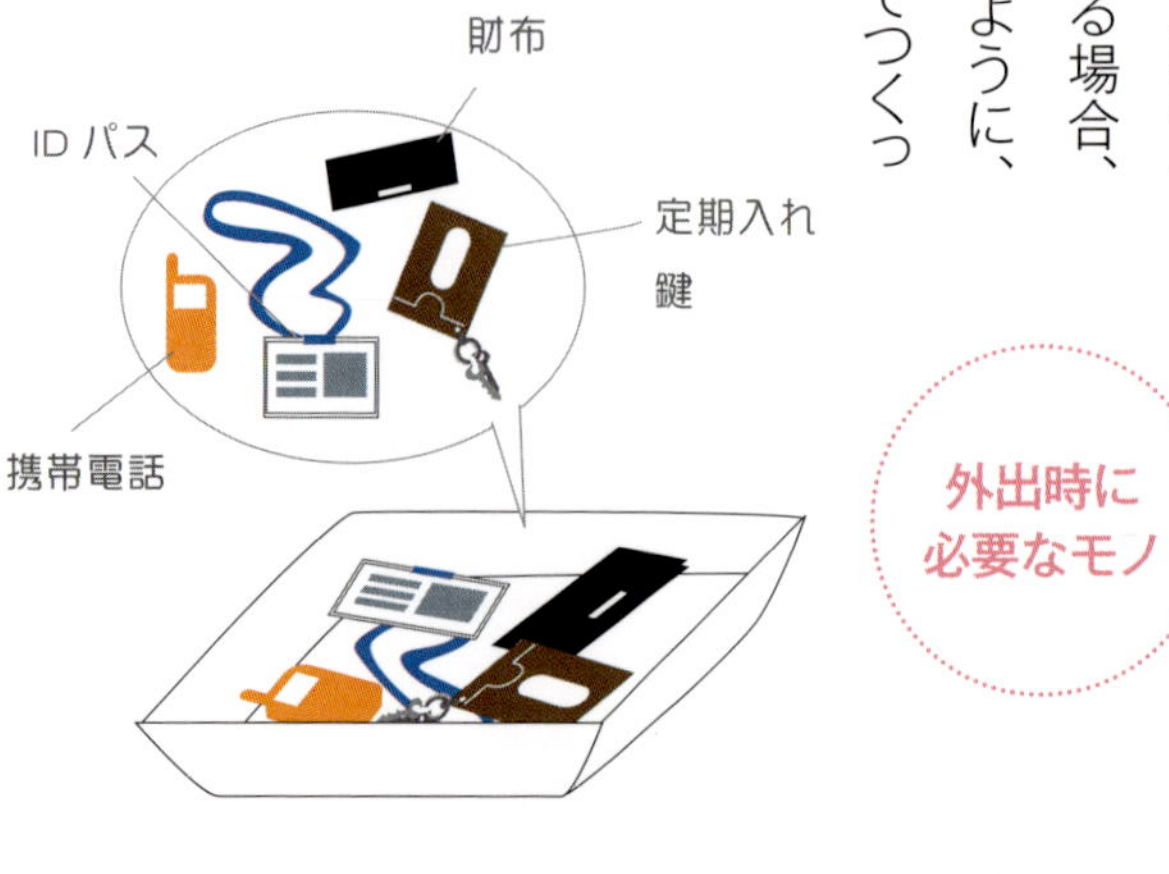

PART 3

モノ別収納のポイント

モノ別

装飾品

Decorations

カバン・バッグ

持っているバッグがひと目で見渡せることが重要

置き場所&入れ方

服の近くに、①棚に立てる ②つるすの順で、ひと目で見渡せるように置く

自分が持っているバッグは、意外と一瞬には思い出せないものです。棚に立てたり、つるしたりすることで、ひと目で見渡せるように収納しましょう。常によく見えると、どんなバッグを持っているのかが記憶に残り、同じようなバッグを買わなくなります。

外出着と普段着で着替える場所が別なら、バッグも別にします。

立てる場所は、たたんだ服を入れている棚の最上段が適しています。

つるす場所の候補は、衣類をつるすハンガーパイプです。

POINT 2 立ちにくいバッグには詰め物を活用

やわらかいバッグは、買ったときにバッグの中に入っていた紙などをそのまま入れておくと、立ちやすくなります。

POINT 1 スタンドを使って指定席をつくる

カバンやバッグを立てるとき、自立しないものにはスタンドを使います。スタンドは立たせるほか、バッグを出すときに隣のバッグと絡まず、スッと出すための役割もします。出したあとも空席になっているので、すぐに戻すことができます。最終的に必要な収納グッズがいくつかありますが、これらをプラスすることで、収納を維持することができ、買ったモノを十分に活かすことができるのです。

POINT 3 トートバッグのような形のバッグを扱いやすくするには、「つるす」が理想

途中から90度回転しているS字フックを使うと、バッグが縦方向にきれいにつるせます。

クイック収納の知恵 道具を使って使いやすく

Ⓐ このS字フックはバッグを外したとき、一緒に取れません。その理由は、Ⓑ の写真のようにパイプが外れるパイプソケットを使い、サイズがぴったりなS字フックを通して使っているからです。

モノ別

装飾品

Decorations

アクセサリー

引き出しに並べたり、
つるしたりして、
見えるように収納しましょう

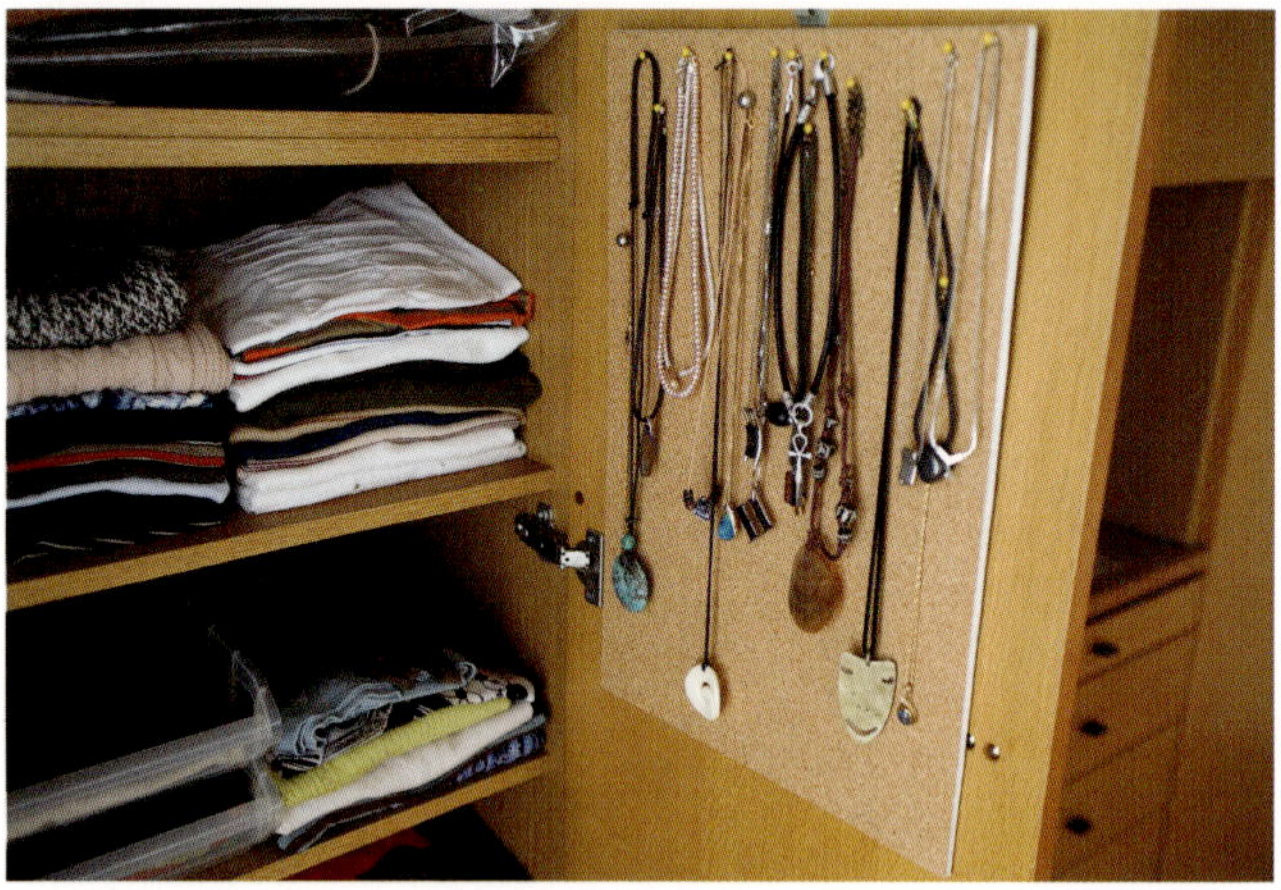

置き場所&入れ方

イヤリングやブローチは浅い引き出しに置く。細いチェーンは絡まないようにつるす

アクセサリーはコーディネートの仕上げなので、服を着終えたところがベストな置き場所です。衣類家具の浅い引き出しや扉裏を利用します。できるだけ買ったときのケースから出して、すぐ見えるようにしましょう。

引き出しの底に、別珍《べっちん》のような布で包んだ台紙を敷くと、開け閉めしてもずれにくくなりおすすめです。パールなどのネックレスは、引き出しに長く並べても絡みません。細いネックレス類は、扉裏に10mmほどの厚みのコルクボードを両面テープで貼り、事務用のピンを使ってつるします。アクセサリーにも流行があるので、常に見えるように置き、使いこなして楽しみましょう。

コラム

ネクタイやベルトは、ラクに掛けられ、ズルズル落ちない収納に

ネクタイ

クローゼットは折り戸が多く、扉裏が使えません。そこでおすすめのグッズがこれ。ハンガーパイプに取りつけるタイプの回転ネクタイハンガーです。ほどよい回転スピードで、選びやすいのもポイントです。ズルズル落ちることもありません。よく通販などで紹介されています。

ベルト

掛ける場所を考えると、やはりハンガーパイプ。いろいろなベルト掛けを使ってみましたが、写真のベルト掛けが今のところベストだと思っています。どんな形状のバックルでもラクに掛けられます。シンプルですが、サイズや溝がよく考えられている商品です。丸めることも以前やってみましたが、収まりが悪くて続きませんでした。やはり、シンプルがいちばんなのです。

モノ別

書類

Documents

雑誌・新聞の切り抜き

記事を切り抜いたら、
テーマで分類した
個別フォルダーに挟みます

置き場所&入れ方

メモや切り抜きする近くに個別フォルダーを置き、気になった記事があれば、すぐに挟む

せっかく記事を切り抜いても、必要なときにすぐ出てこないと意味がありません。保管するときに、〝入れる〟ではなく、〝出して読む〟ことを意識してタイトルをつけましょう。また、フォルダーは切り抜きしたり、メモしたりする場所から手の届くところに置きましょう。

離れていると、せっかく切り抜いた情報も「あとで入れよう」と思ってしまい、そのうちどこかに紛れてしまいます。出し入れをラクにすることが、情報を活用することにつながります。

テーマ別の分類テクニック

記事を切り抜くとき、自分が何をするときにこの情報が必要なのかを考え、必要な行動の数のファイルを用意します。

私の場合、行ってみたいと思ったら、「旅行」、おいしそうな店を見つけたら「食べ歩き」、住まい関連の記事があれば「住まい・管理」、といったわかりやすいタイトルをつけて分けています。入れるときは、手前から挟みます。入り切らなくなったら後ろの古い情報から確認し、不要なものを処分します。

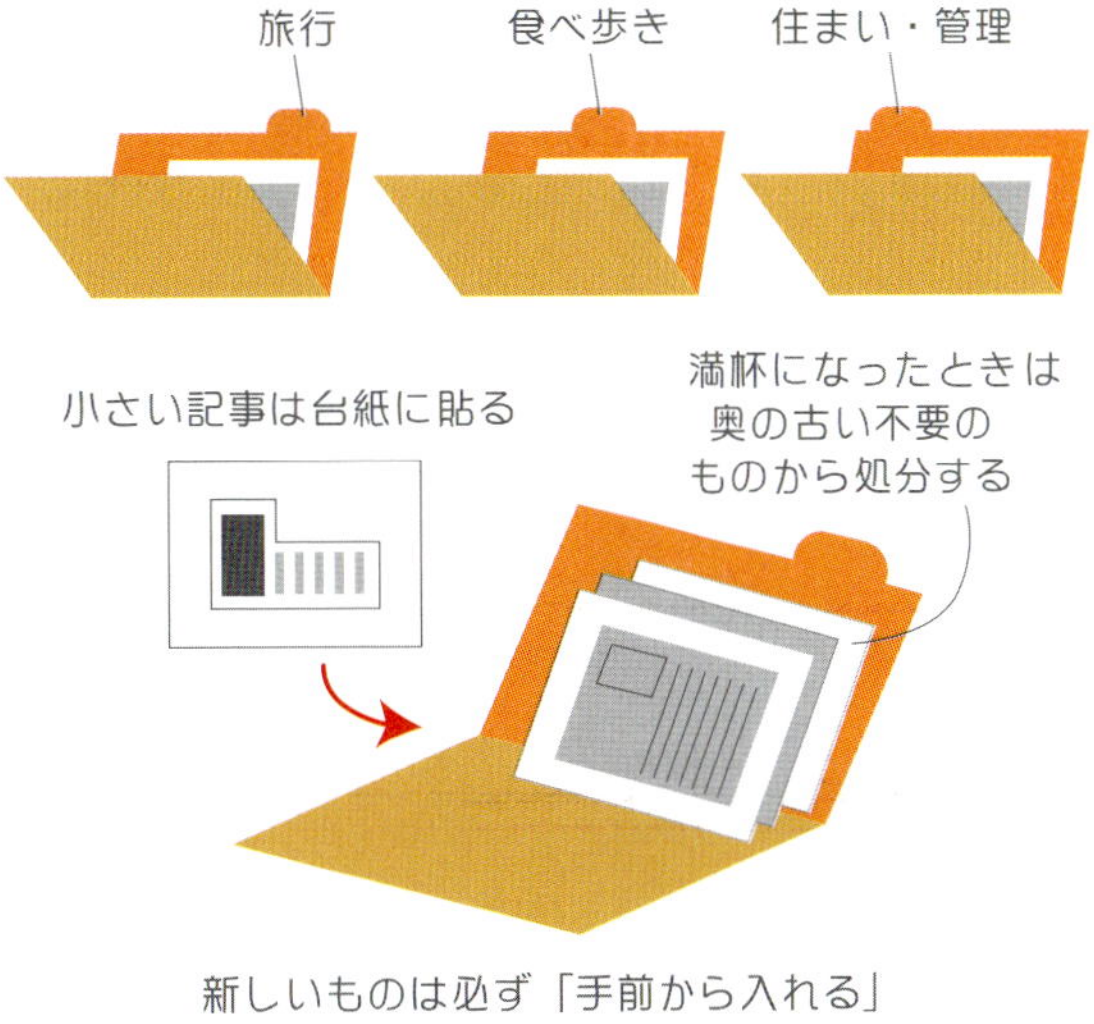

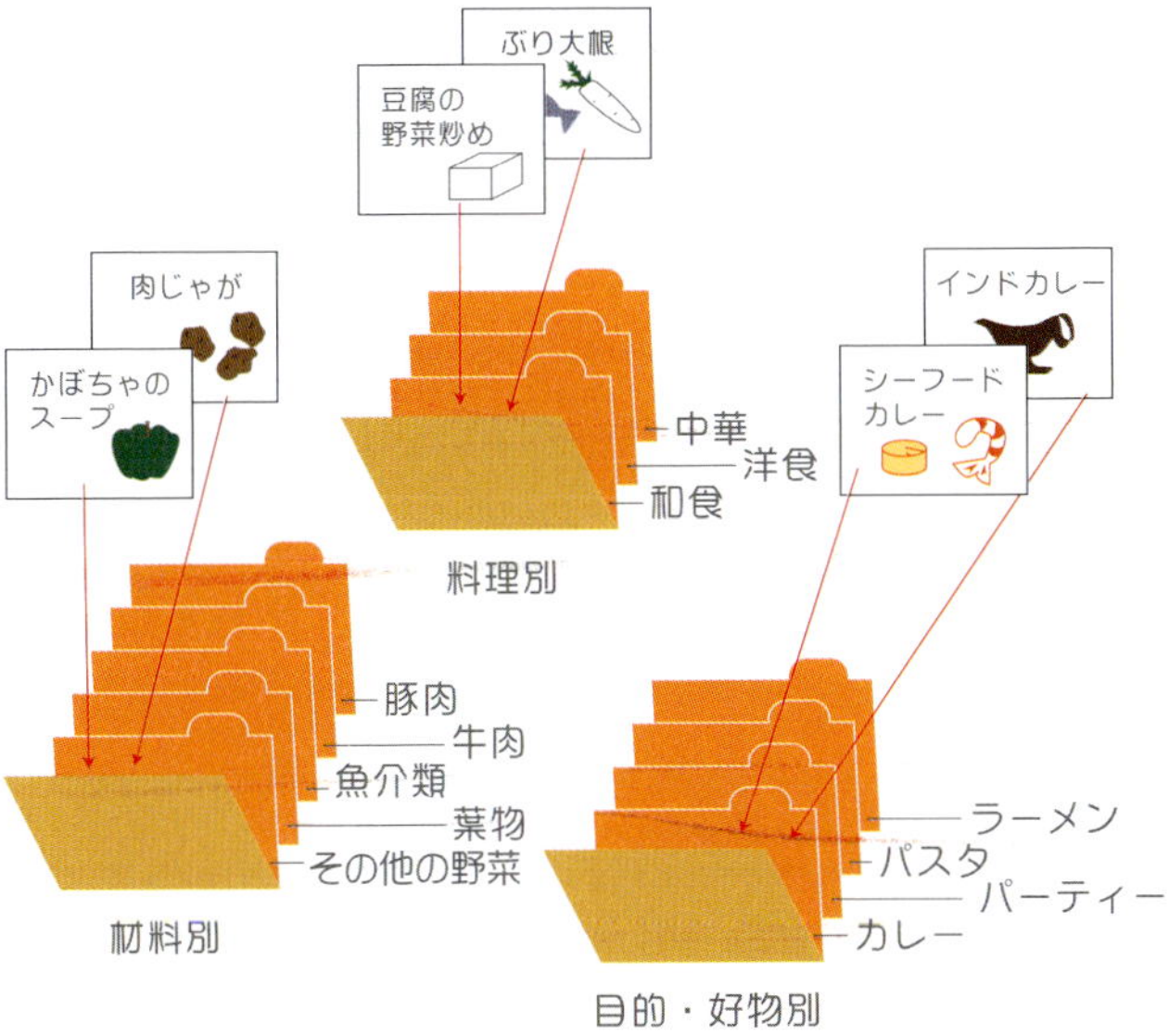

レシピの分類テクニック

レシピも分類、タイトルの付け方が重要です。

冷蔵庫の中のモノで何をつくろうかと考えることが多いなら「材料別」。「中華」、「和食」、「洋食」などのジャンル別のほか、「パスタ」などの好物があれば、それ用のファイルをつくっておくといいでしょう。人をよく招待する家庭では「パーティー用」をつくっておくと便利。常にあとから見ることをイメージしてタイトルをつけます。あとは、新聞や雑誌の切り抜きと同様に、前から挟んでいくだけです。

モノ別

書類

Documents

取り扱い説明書

使用頻度は低くても置き場所がわかる収納に

置き場所&入れ方

家電製品と住宅設備などの取り扱い説明書は別々にして、マチ付き封筒にまとめて入れる

取り扱い説明書は、家電製品などを買った直後には見ますが、使い方がわかったら、めったに見ることがありません。だからわざわざファイリングする必要はなく、マチ付きの袋に入れるだけのザックリの収納でいいのです。マチの両側にタイトルを書いておくと見たあと無造作に入れてもタイトルが隠れません。

めったに見ないものなので、置き場所は物入れの中でもいいと思います。保証書は、「説明書を開けた２ページ目に貼る」などルールを決めておくと探すことがありません。

モノ別

書類

Documents

手紙

届いた手紙やハガキは、
読み終えたら、とりあえず状《じょう》差しや
ウォールポケットに入れましょう

置き場所&入れ方

手紙を読む場所に状差しを置く。通常は、ダイニングテーブルの近くがベスト

いったん状差しに入れるのは、「すぐに捨てたくない」のと、「取っておく必要がある」からです。その状差しがいっぱいになったら、捨てる、取っておくのどちらかに決めます。取っておく場合は、P.154の方法を参考にしてください。

また、チケットなど必ず必要なものは、忘れないようにピンナップボードなどに張るのが懸命ですが、それがない場合はここに入れます。チケットの封筒にフェルトペンなどで目立つように日時を書いておくといいでしょう。

手本にしたい収納のコツ12

交際状況を年賀状で把握しよう

ファイルはひとつでOK あとは毎年重ねていくだけ

年賀状はどのように保存していますか？　毎年の分を束ねたり、年賀状専用のファイルに年ごとに入れたりすると、溜まる一方です。

次に紹介する方法は、年賀状が溜まることなく、且つしっかりと親戚や友人の情報を管理できる方法です。ゆえに交際帳としての役割も果たします。

使うのはＡ４判の30穴バインダー式ファイルと、Ａ４判で４つのカード用差し替えポケット。40人分なら10枚必要です。

自分だけの友人は自分用、家族で交際している人は家族用、としたほうがわかりやすければ、分けて保存します。そのとき、人数が少なければ、一冊の中でインデックスをつけて分け、多ければ、ファイルを別にします。

年賀状を使った交際帳のつくり方

あいうえお順に分ける

あ行、か行……と行ごとに分けます。ファイルにも行名のインデックスをつけて、ひとりにつき1ポケットを使います。ご近所で親しいけれど年賀状のやり取りがない人に関しては、住所や名前など必要な情報を書いたカードをつくり、ポケットに入れます。だから交際帳なのです。

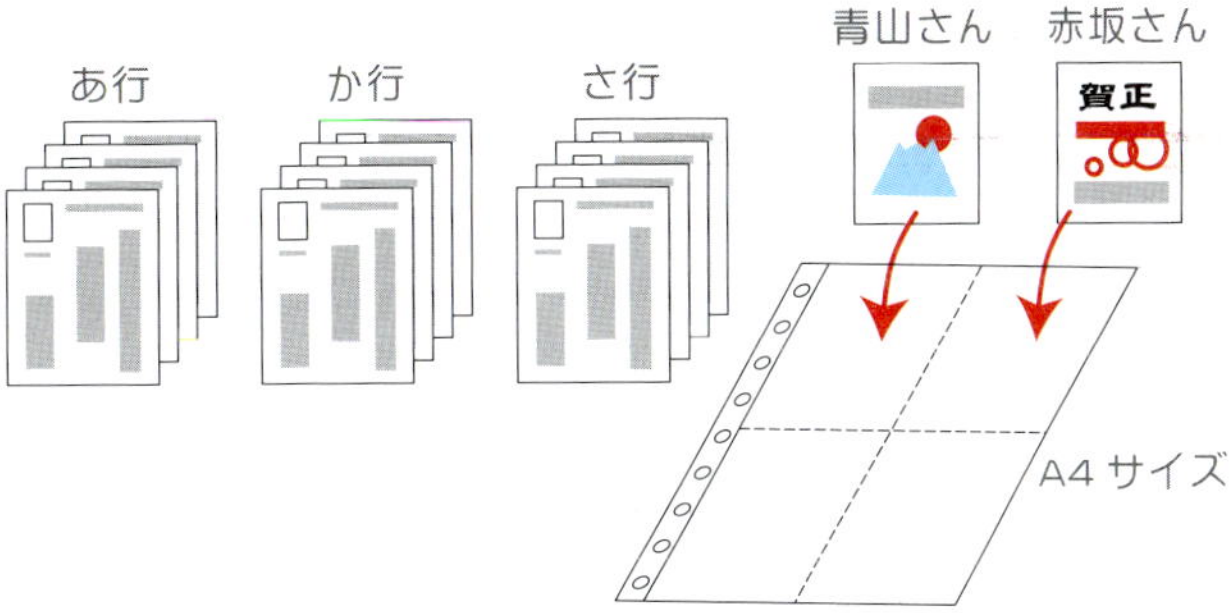

あ行
か行
さ行
青山さん
赤坂さん
賀正
A4 サイズ

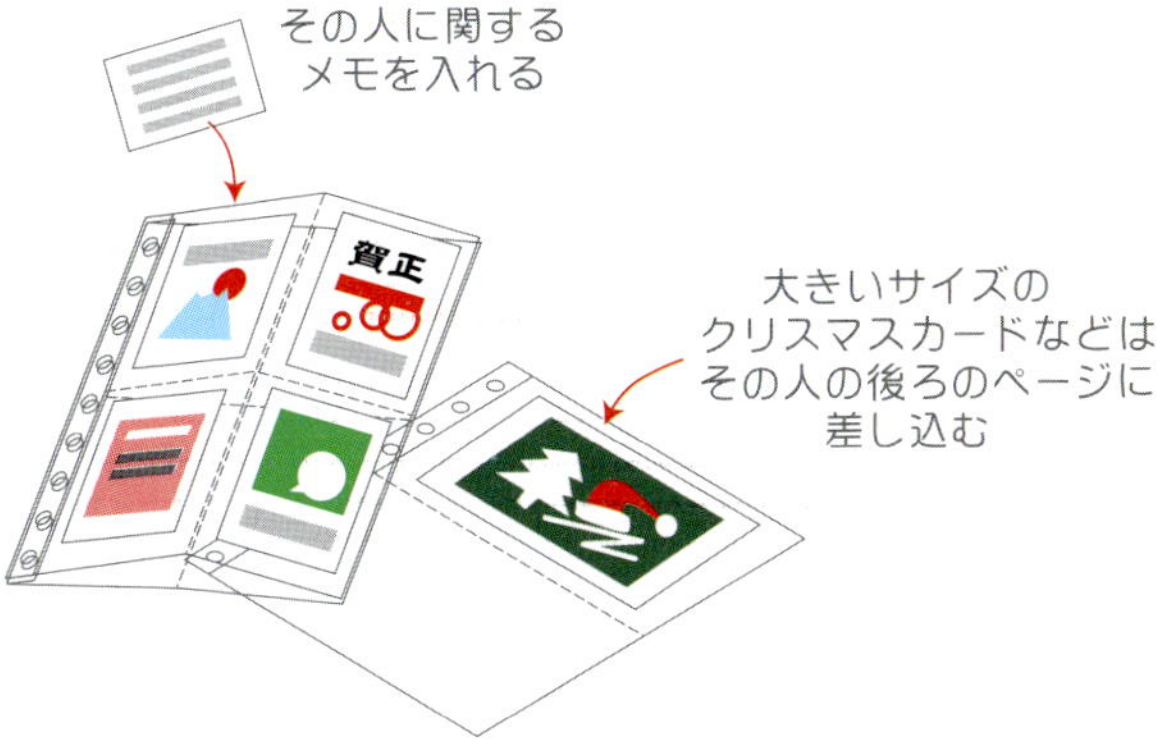

その人に関する
メモを入れる
賀正
大きいサイズの
クリスマスカードなどは
その人の後ろのページに
差し込む

次の年
捨てがたいもの
以外は処分する

年賀状以外の手紙も重ねて入れる

その年の間、子どもが誕生しました、引越しました、喪中、など取っておくべき手紙やハガキが来たら、その人のポケットに重ねて入れます。また必要なら、いただきものや贈り物をしたときもメモしておきます。年末に年賀状を出すとき、出した人のところに付せんをつけておくと、誰に出し、誰から来なかったのかがすぐわかります。

次の年の年賀状も重ねて入れ、捨てがたいもの以外を処分

次の年、同じ人から来た年賀状などをまた同じポケットに重ねて入れます。そのとき、前年のハガキなどで不要なものがあれば処分します。写真やすてきな絵などがあり、すぐには捨てたくないというものは、ポケットには5枚ほど入る余裕があるので、重ねて入れておきます。

クイック収納の知恵　どうしても捨てられないハガキが溜まってきたら？

重ねていくうちに、いよいよファイルに入らなくなり、重くて扱いにくくなります。それでも捨てたくないと思うものは、丈夫な空き箱に移動します。靴箱がちょうどよいサイズです。使い方によっては分類し、インデックスをつけて保存します。

モノ別

文房具

Stationery

文房具

リビングやダイニングで使う文房具立ては見た目もきれいで機能的なものに

置き場所&入れ方

「文房具立て」などにすべて見えるようにして、1スペースに1アイテムだけ入れる

郵便物を広げると、返事を出す必要があるものや、また新聞や雑誌を切り抜こうとすれば、ハサミやカッターなどの文房具を使います。そう考えると、入れるものはフェルトペンを含む筆記用具一式、メモ紙、ハサミ、ホチキスとホチキスの針、定規、電卓、消しゴム、クリップ、付せん、のり、セロテープなどです。

筆記具など長いものは、ななめにならないように仕切り板をつくって入れ（つくり方はP.158～159参照）、消しゴムや付せんなど小さいものは、沈み込まないように上げ底にします。セロテープが入らなければ、その横に置きます。

置き場所は、ダイニングテーブルで書いたり切ったりするのであれば、そこから手が届く場所が適所です。

文房具の置き場所

メモしたり、切り抜いたりなどの行動を、リビングコーナーでもしていたら、その場所にも用意します。このほかにも、電話をするとき、買い物のメモ書きをするときなど、考えてみると文房具は家中のいたるところで使っています。使いたいモノが使う場所にあると、使いやすいだけでなく、戻しやすくなるのです。

使う場所すべてに配置する

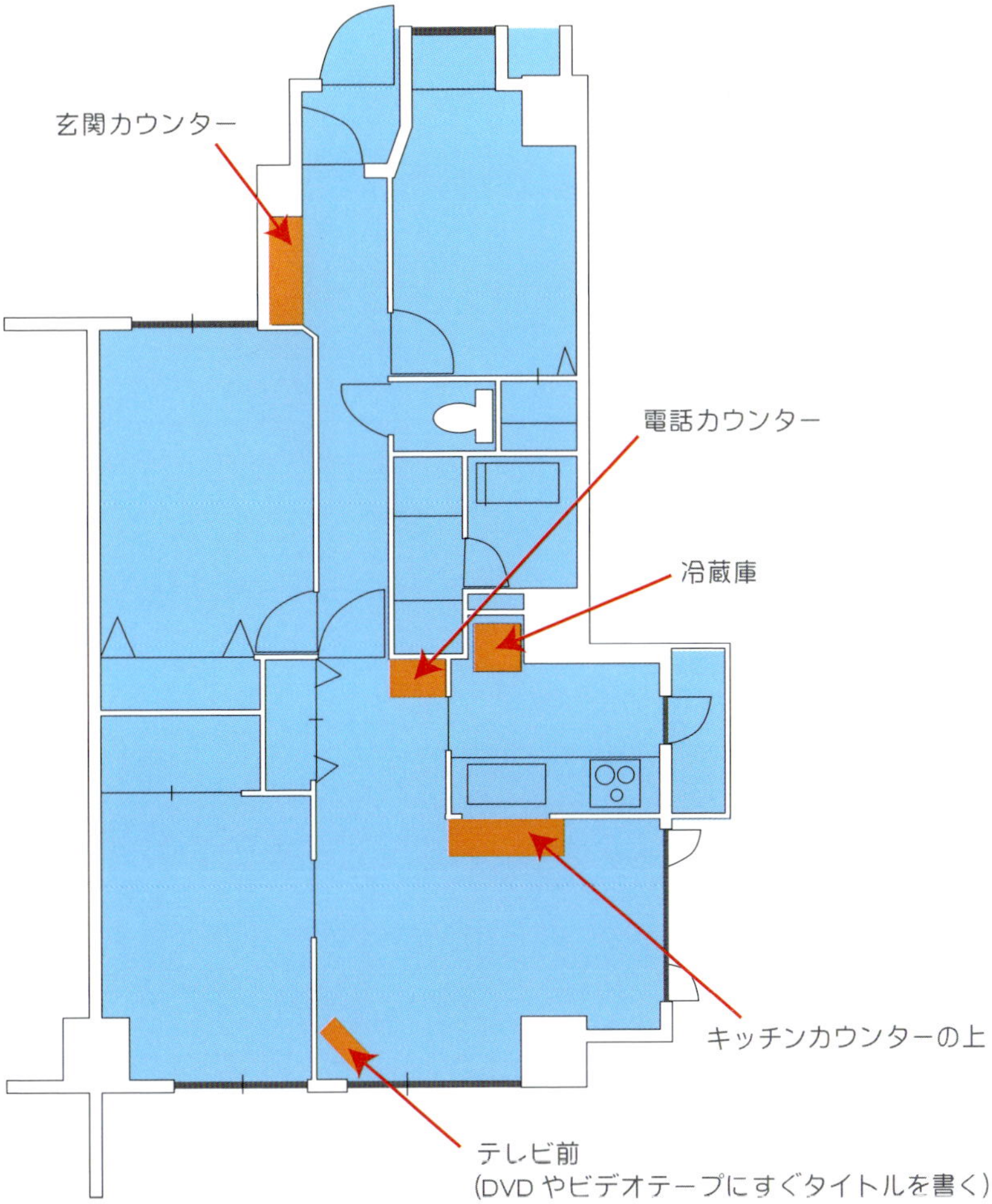

仕切り板で引き出しやボックスをより使いやすくする

文房具も衣類も仕切り板が大活躍！

既製品にひと手間加えて、気持ちよく使えるようにします。P.156のボックスの場合、そのままでは仕切りが大きすぎて長い筆記用具がななめになり、絡まってすぐに出せません。それを防ぐのが仕切り板です。写真ⓐのように切り込みを入れ、クロスさせると、ずれることがありません。

消しゴムなどの小さなものを入れる場合は、箱をつくって底に置き、上げ底にします。衣類などが入った引き出しの中を仕切る場合は、ⓑをつくります。基本的には、タテ方向に仕切り、さらにヨコに仕切りたい場合は、ⓑをカットして使います。

仕切り板のつくり方

仕切り板をつくる材料は、ハリのある硬い厚紙か、ケント紙(400kg ～ 450kg)の四六判を使うと、丈夫なものができます。そのつくり方をご紹介します。

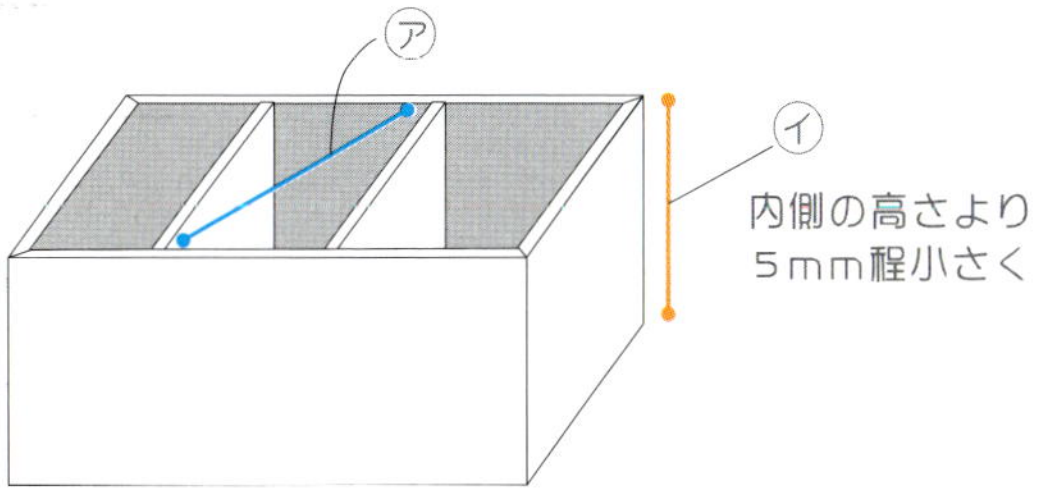

bのつくり方

1 サイズを測って紙をカットします。高さは入れたいものに合わせます。

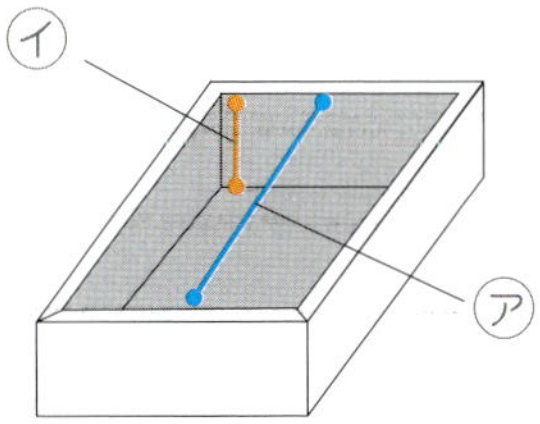

2 アは引き出しの長さ、イは入れたいものの高さ、ウはイの1/3ほどにして折る長さを決めます。

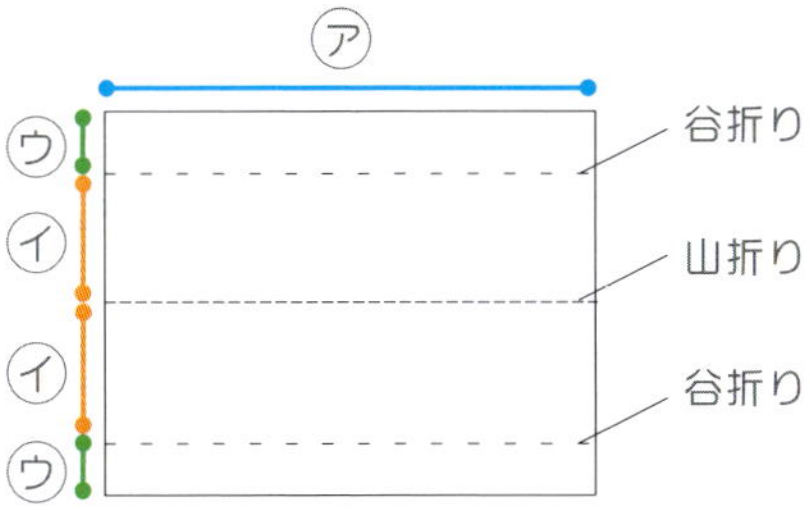

3 折ったら、内側を両面テープで留めます。ヨコに仕切る場合は、両端2カ所をカットします。両サイドを広げたら、できあがりです。

●ヨコに仕切る場合

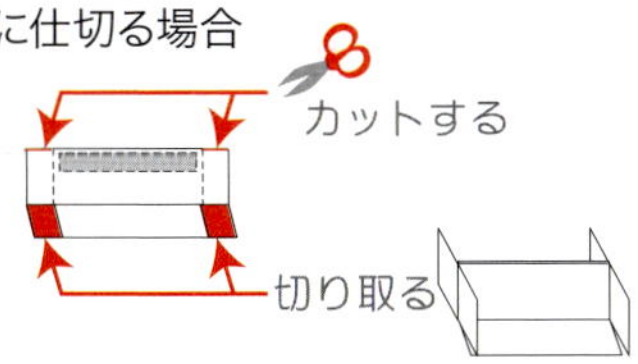

aのつくり方

1 サイズを測って紙を2枚用意します。それをきっちり半分に折ります。

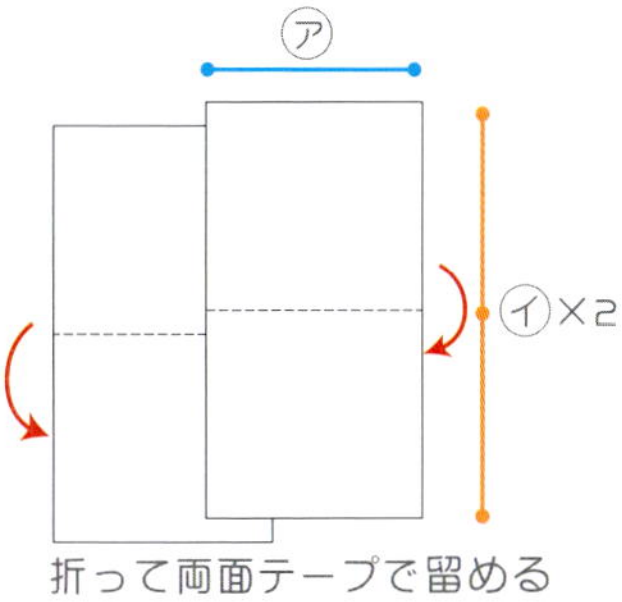

2 互い違いに交差するように、厚紙の厚さ分の切り込みを入れて組み合わせます。

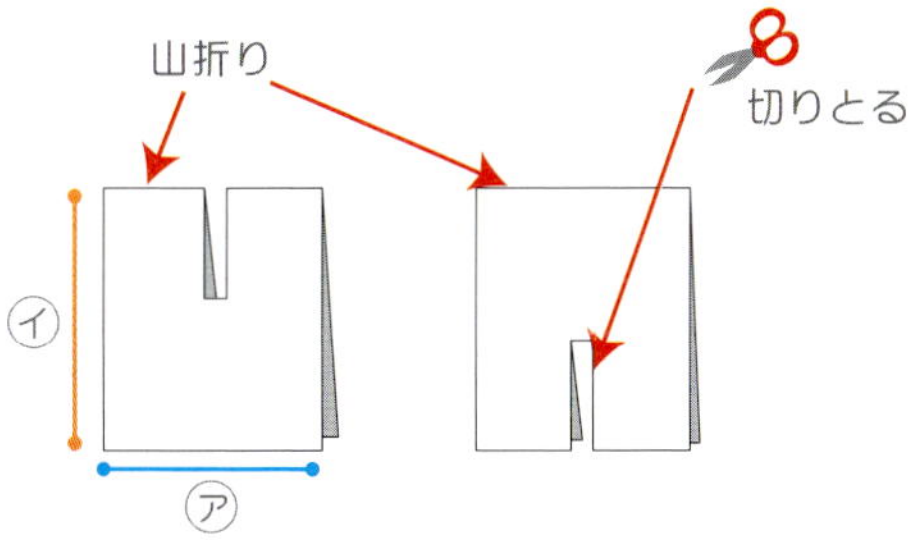

モノ別
紙類
Papers

新聞

新聞は読んだ場所から
手が届く場所に置きましょう

置き場所&入れ方

新聞の指定席として トレーを用意する

新聞の置き場所は3カ所あると思います。まず考えられるのが、①読む場所。例えばダイニングテーブルの上です。次に、②読んですぐ移動する場所、そして③資源ゴミとして置く場所です。

写真は②の場所の例です。ダイニングテーブルから手が届くカウンターの下に置いています。トレーがあると「ここが新聞の席」とはっきりするので、戻す気になります。家具がなくても、トレーを置いた場所を指定席とします。

クイック収納の知恵

リモコンとセットにしておくと便利

テレビのリモコンを使うのはテレビ番組表を見るときが多いようであれば、新聞やテレビ番組の雑誌とセットにしてトレーなどに。それをダイニングテーブルの上など目につきやすい場所に置きます。食事時だけほかの位置に一時移動します。

モノ別

紙類

Papers

読み終えた新聞

新聞を読むリビング内に置くのが理想

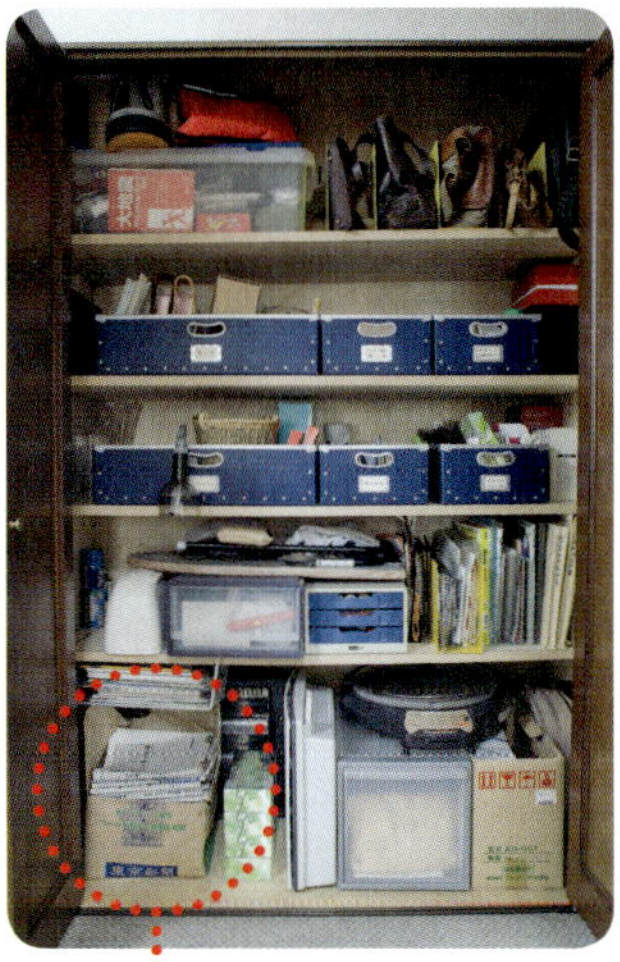

置き場所&入れ方

ひと袋に1カ月分入る紙袋などを用意。物入れの中にある場合、袋前面の両端をカットし、内側に折り込むと、いっぱいになるまでラクに入れることができる

置き場所はやはり、リビングが適所です。リビング内なら、また見るかもしれないと思っても、すぐまた取り出せるという安心感があるので、とりあえず片づけられます。

本棚があれば、そこにも置けます。奥行き25cm以上の場所ならどこでも新聞は入るのです。

新聞の袋をテーブルなどの足元に出したまま使っている家は少なくありません。出したまま使えるきれいな新聞専用の収納用品もありますが、掃除するときなどはやはりじゃまです。新聞を片づけやすくする重要ポイントは、リビング内の物入れに資源ゴミとして出すまでの指定席をつくることでした。

モノ別
本
Books

本・雑誌

本専用の最大スペースを決めましょう

置き場所&入れ方

本に合わせた奥行きの本棚に入れるのがいちばん。よく手に取る雑誌は、読む部屋（ダイニングやリビングなど）の中に置き場所を用意する

本の最大の悩みは増えること。本が好き、または仕事の関係で本がどんどん増えるという場合は、その家での最大収納量を決めて本棚を用意しましょう。

そのあとは、そこからはみ出さないよう処分したり、読める時間を考えて慎重に購入したりします。それがわかっていても増やしたい場合は、本がある暮らしと、本がもたらす不快な暮らし、どちらを選ぶか天秤《てんびん》にかけてみましょう。

Question! 先生おしえて どうしても本棚に入り切らなくなったらどうすればいい？

段ボール箱の中に入れますが、中身がわかるように一覧表や背表紙の写真を撮った書籍アルバムのようなものをつくります。こうしておけば、箱積みされていても読みたい本を探すことができます。

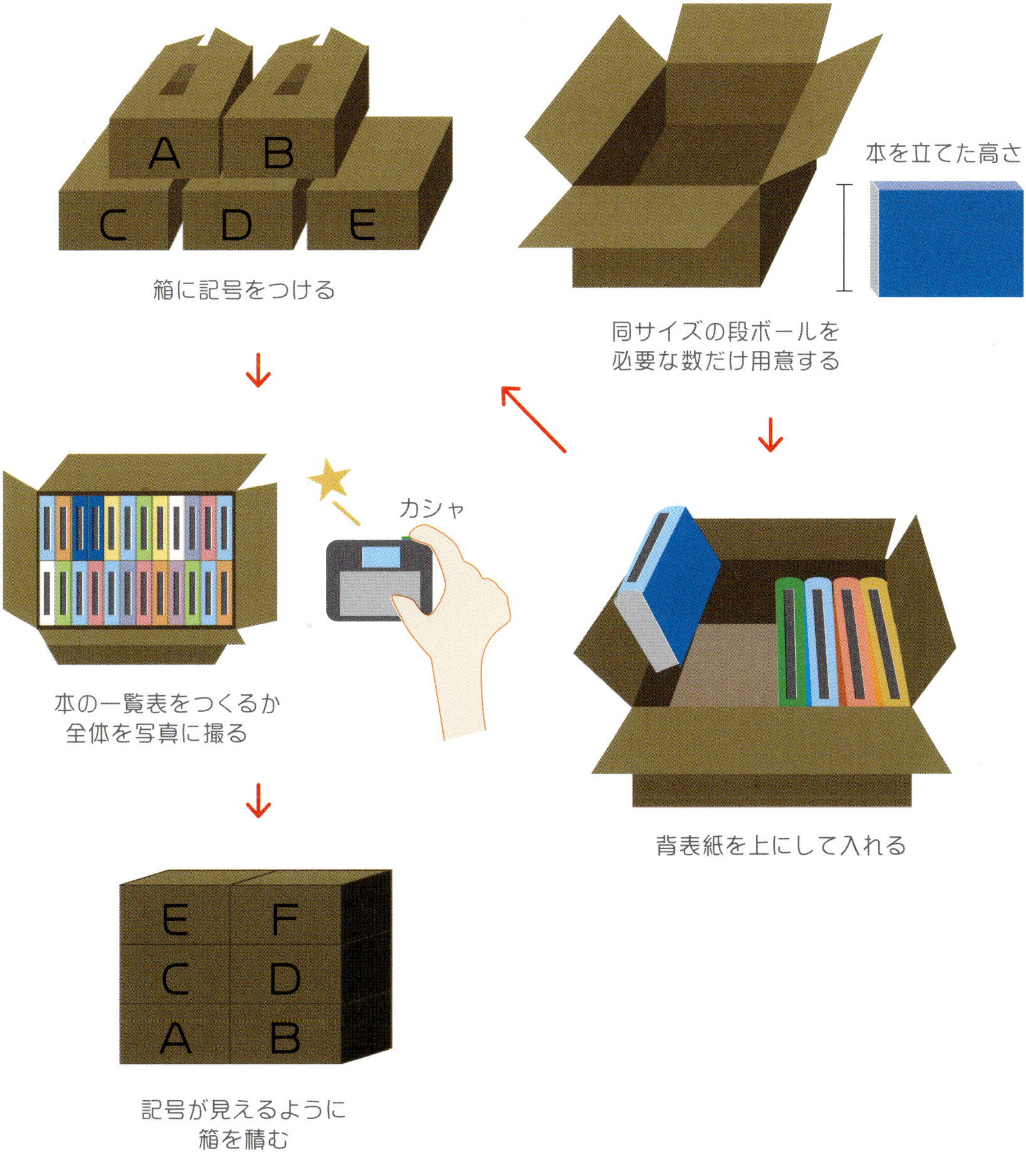
A
B
C
D
E
箱に記号をつける
本を立てた高さ
同サイズの段ボールを
必要な数だけ用意する
カシャ
本の一覧表をつくるか
全体を写真に撮る
背表紙を上にして入れる
E
F
C
D
A
B
記号が見えるように
箱を積む

モノ別
家電
Household electrical Appliances

パソコン

パソコンに付属して使うモノをまとめてスッキリ収めましょう

置き場所&入れ方

どこに置く場合でも、使用頻度が高いモノだけを出し、そうでないモノは見えないようにまとめて収納

仕事で使えば書斎、家庭のことで使う場合はリビングかその続きの部屋（写真の場合は和室）など、パソコンの使い方によって置き場所は変わります。

家庭用パソコンは、主婦がいつもいる場所がベストです。リビングやダイニングにあると調べものがすぐにでき、プリントしなくてもすめば、紙も節約できます。

パソコンまわりが小物でゴチャゴチャしないように、よく使うモノだけを出しておくようにします。

パソコンまわりをスッキリさせるポイント

POINT 2

トレーで種類別に分類

ペーパー類は、A４判や裏を使う廃紙など、トレーをスタッキングさせて分けて入れます。残量がわかるので、余計に買わなくなります。

POINT 1

よく使うモノをパソコンの近くに置く

よく使うCDはパソコンのそばに小さなスタンドを使って立てます。テキストやマニュアルは使う分だけ、パソコン近くに立てて使います。

POINT 3

細かいモノはボックスにまとめて、重ねないように入れる

インクの買い置き、手入れ道具、未使用のCD、写真光沢紙など細かいモノはボックスに、重ねないようにまとめて入れます。棚を用意すれば、プリンターと一緒に収納できます。

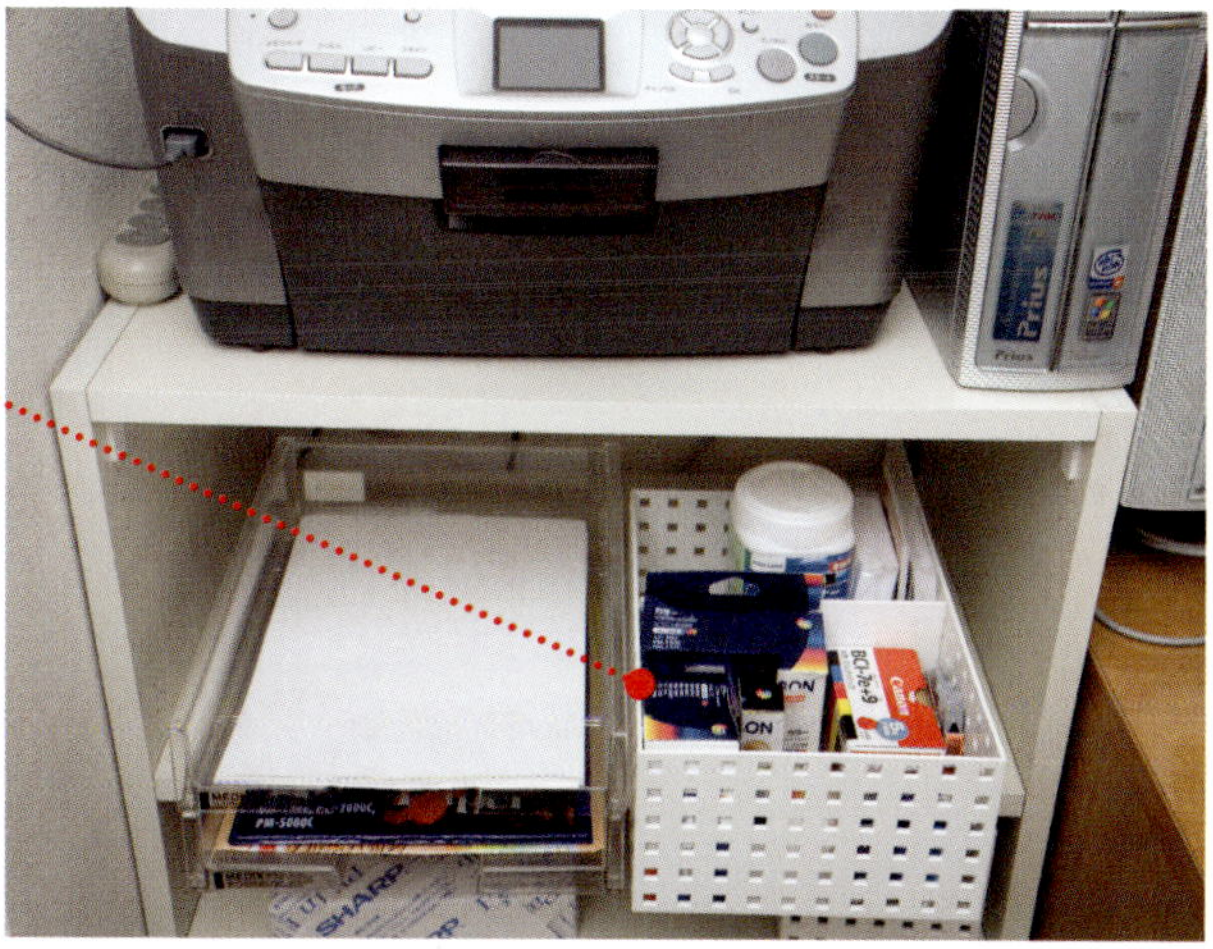

モノ別

家電

Household electrical Appliances

アイロン

出かける間際でも
すぐに使える収納に

置き場所&入れ方

一緒に使うモノをまとめて使いたいときにすぐ出せる収納に

アイロン掛けをどこでしますか？　リビングならリビングに置きましょう。「アイロン掛けは時間のあるときに……」と思いますが、その時間はなかなかできません。だからこそ、必要なとき、すぐ出して使える収納が必要です。

アイロンを掛ける服をアイロン台の上に置いておくと、同時に取り出せるので便利。そのほか、のりや霧吹きなど、ほかにもたくさんある場合はボックスにまとめて、一度に取り出せるようにします。また、3階建て住宅で2階のリビングでも使うし、3階の洗濯物を取り込んだ部屋でも使いたい、という場合は、2カ所に用意しておくと、アイロン掛けを溜めずにすみます。

ミシン

できるだけ使う場所に収納

置き場所&入れ方

あまり使わない場合でも、やはり使う部屋に置いておく

ミシンの収納場所もやはり使う部屋内に置くのが基本です。あまり使わないという場合は、フタを開けた箱の中に入れると出すのが億劫にならず、ホコリもつきません。よく使う場合は箱から出し、すぐに使えるように収納します。

家事室など専用の部屋があれば出したままにできるのでいいですね。めったに使うことがない場合でも、手前や上になっているものをよけて、やっと出てくるというような収納はやめましょう。せっかくあっても使わずじまいになってしまいますよ。

使用頻度が少ない場合の収納

季節家電

出し入れは年に一度でも誰でもわかる場所に

置き場所&入れ方

できるだけ使う部屋の中、または近い場所に置く

季節家電には扇風機や電気ストーブ、除湿機、空気清浄機、加湿機など、多くの種類があります。どれもひとりで持てるサイズなので、奥行き60cm以内に収まります。

写真では、電気ストーブをリビングで使うので、リビング内の物入れに収納しています。そのまま置いておくと、汚れがつくため、購入時に入っていた箱に入れて収納するのがおすすめです（写真は中身が見えるように、箱から出して撮影）。収納場所が奥になっていますが、古新聞を出すとき必ず見えるので、必要なときは家族の誰もが自分で出せます。これで主婦の手間がひとつ省けます。

モノ別

家電

Household electrical Appliances

掃除機

「掃除しようかな」と思わせてくれる場所に置きましょう

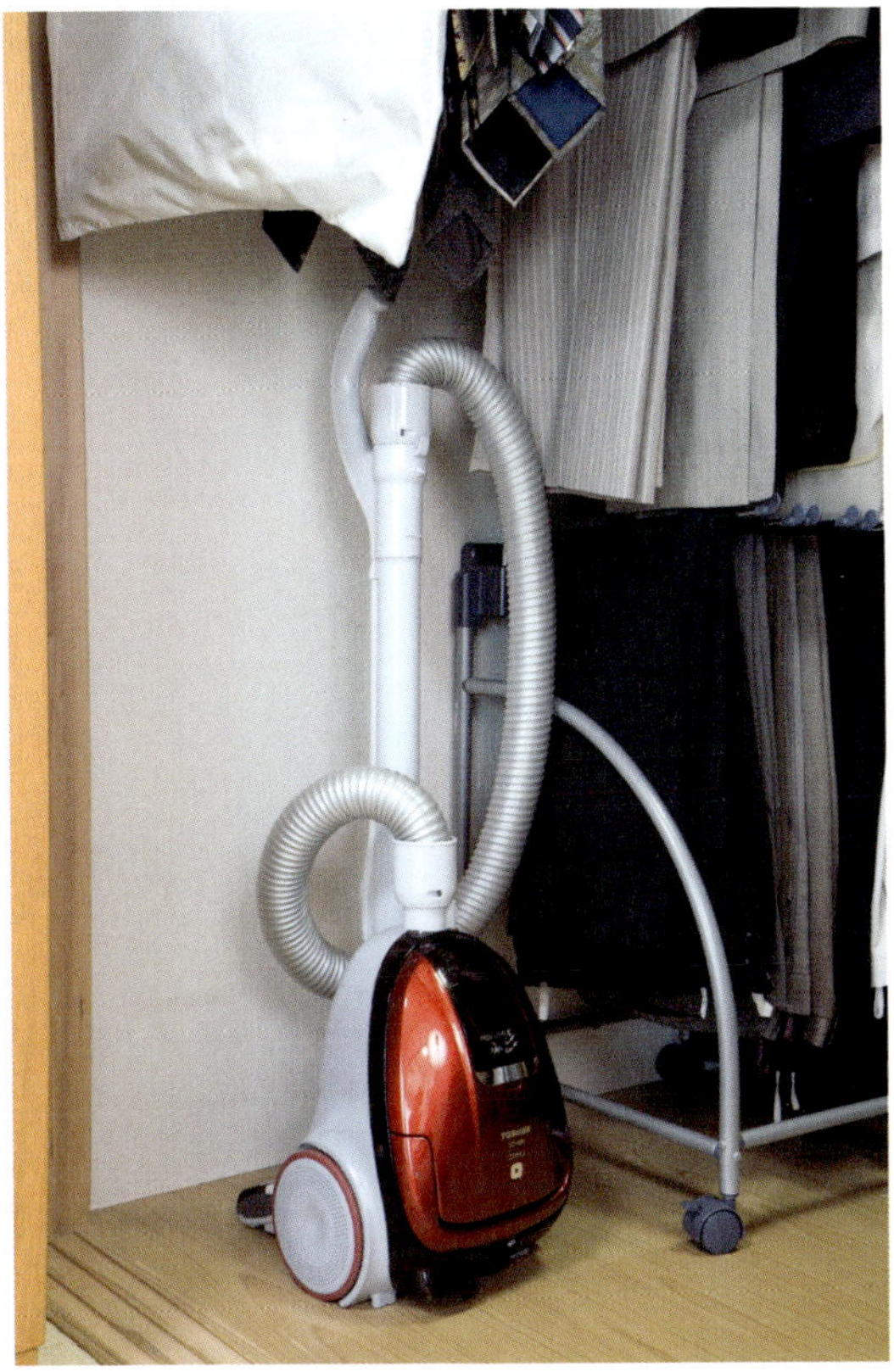

置き場所&入れ方

見えない場所にしまい込まず、掃除しよう！と思える場所に置く

掃除機は、「掃除しよう！」と思った場所にあると掃除回数が増えます。掃除の回数が増えれば、ホコリが溜まりにくくなるので、ホコリが気になって扉の中に収納していたモノも「見える収納」にでき、出し入れがラクになります。

写真の場合は、ホコリが目につきやすいクローゼット内に収納しています。気になったらここからスタートできるので、自然と毎日掃除することになります。

リモコン

使用頻度に合わせて置き場所を考えましょう

置き場所&入れ方

棚の間隔を狭くし、リモコン専用の指定席をつくる

頻繁に使うテレビのリモコンは、「テレビを見ようかな」と思う場所に置きます。使用頻度が低いオーディオ用などは、その近くを指定席に。使うときだけ手元に持ってきます。すべてを一緒にしておくと選ぶのが大変なので、このように分散させましょう。必要な場所に指定席があれば探し回ることもなくなります。

また以前、リモコン専用立てを使ってみたことがあるのですが、「立てる」という行為が意外と面倒で、せっかくあっても入れませんでした。無造作に置けるトレーのような指定席が無難だと思います。

モノ別
AV機器
Audio&Visual

CD・DVD

タイトルが見やすいように棚に並べるか、ボックスまたは引き出しに立てて入れましょう

置き場所&入れ方 コンポやDVDデッキなどの機器のそばに、浅い奥行きの棚に並べて置く

ベストな収納は奥行き16cmほどの浅い棚に立てて並べることです。引き出しがあればその中に。ない場合はボックスを使って収納します。写真のボックスは幅約15cmと24cm、奥行きは両方とも約35cmですが、ここにCDなら25枚、DVDは22枚収納できます。収納できるスペースを限定したら、そこからあふれないようにリサイクルして減らしたり、各自の部屋に移動したりしましょう。

クイック収納の知恵 棚とボックスの使い分け

すぐ見たい、聴きたいものは、上の写真のように、棚に立てて並べる0《ゼロ》アクション収納に。この場合、奥が空間になりますが、できるだけ何も入れないようにしたほうが賢明です。アクションが増えても多く入れたいという場合は、ボックスに入れて、棚に置きます。

モノ別

AV機器

Audio&Visual

ゲーム類

バラバラな形のまま無造作にボックスに入れられるのがベスト

置き場所&入れ方

引き出し、またはボックスにまとめて入れて棚にセット

ゲーム機にはコントローラーや周辺機器、ソフト類などがたくさんあり、意外に場所をとります。さらにコードもついていて収まりにくいものなので、ボックスや引き出しに入れるとラクに出し入れできます。

そのほか、棚が何段も用意できれば、重ねないで一つひとつ置くことができます。

モノ別

日用品

Daily Necessities

梱包用品

同時に使うモノをまとめて
気軽に荷づくりできるように

置き場所&入れ方

フタのないボックスに立てて棚に入れる

　フタのないボックスに入れると、棚板の高さを調節すれば、長いモノも立てて入れられます。P.144で説明をした「関連収納」の通りに、荷づくりに必要な道具をセットしておくと便利です。その中に立てて入れる容器をセットすれば、ペンやハサミ、カッターなども下に隠れてしまうことがありません。引き出しでもいいのでは？　と思いますが、高さが決まっているので、少しでも飛び出すと閉まらなくなります。

　置き場所はリビングに。荷づくりするための段ボール箱や中に入れるものを置くスペースが必要なので、廊下よりも広いリビングのほうが作業しやすいのです。

モノ別

日用品

Daily Necessities

紙袋類

用途に合うサイズが
すぐ見つかるように

置き場所&入れ方

棚にシンプルに立てるだけ。倒れないように幅があるスタンドを活用する

紙袋はどんどん溜まります。それを制限するために、入れるスペースを限定しましょう。スタンドはその役割も果たしてくれます。

置き場所はやはりリビング内が理想です。それは、大半の人はモノを買ってきた場合、中身を出すのがリビングだからです。リビング内に紙袋の収納場所があれば、すぐに片づけられます。

使うときのことも考えてみましょう。外出時、何かを入れるために袋を使うことが多いものです。リビングなら明るいので、袋を選ぶのがラクです。

もし、リビングに収納スペースがなければ、出かけるまでの動線上、例えば玄関でもいいと思います。

ザックリと大小の位置を決める

例えば右側は大きいサイズ、左側は小さいサイズとザックリ決めます。大きい袋は前に飛び出し、小さい袋は奥にあるので、使いたいサイズが見つかります。

ビニールの袋などは
クリアファイルを利用

厚手のビニール袋や包装紙は、紙袋と一緒にすると埋もれてしまうので、別々にＢ４判かＡ３判のクリアファイルに挟んで収納します。

出すときもスルスルとすべりがよく、手前が大きく開くので、棚に立てたままの状態でも選びやすく、出し入れもラクにできます。

モノ別

日用品

Daily Necessities

薬

「体調が悪くても自分で出せる」が目標！
ひと目でわかるように

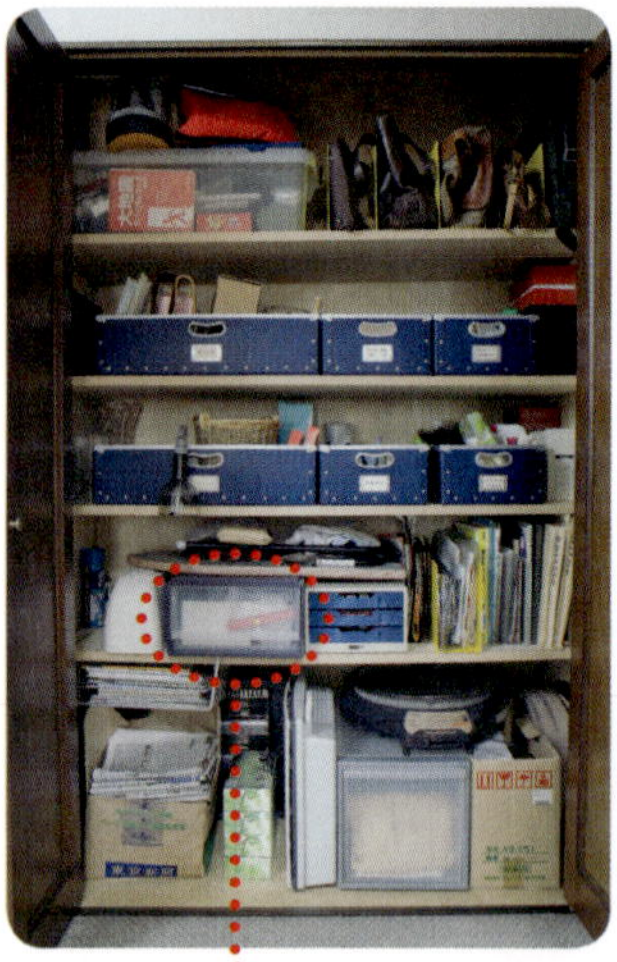

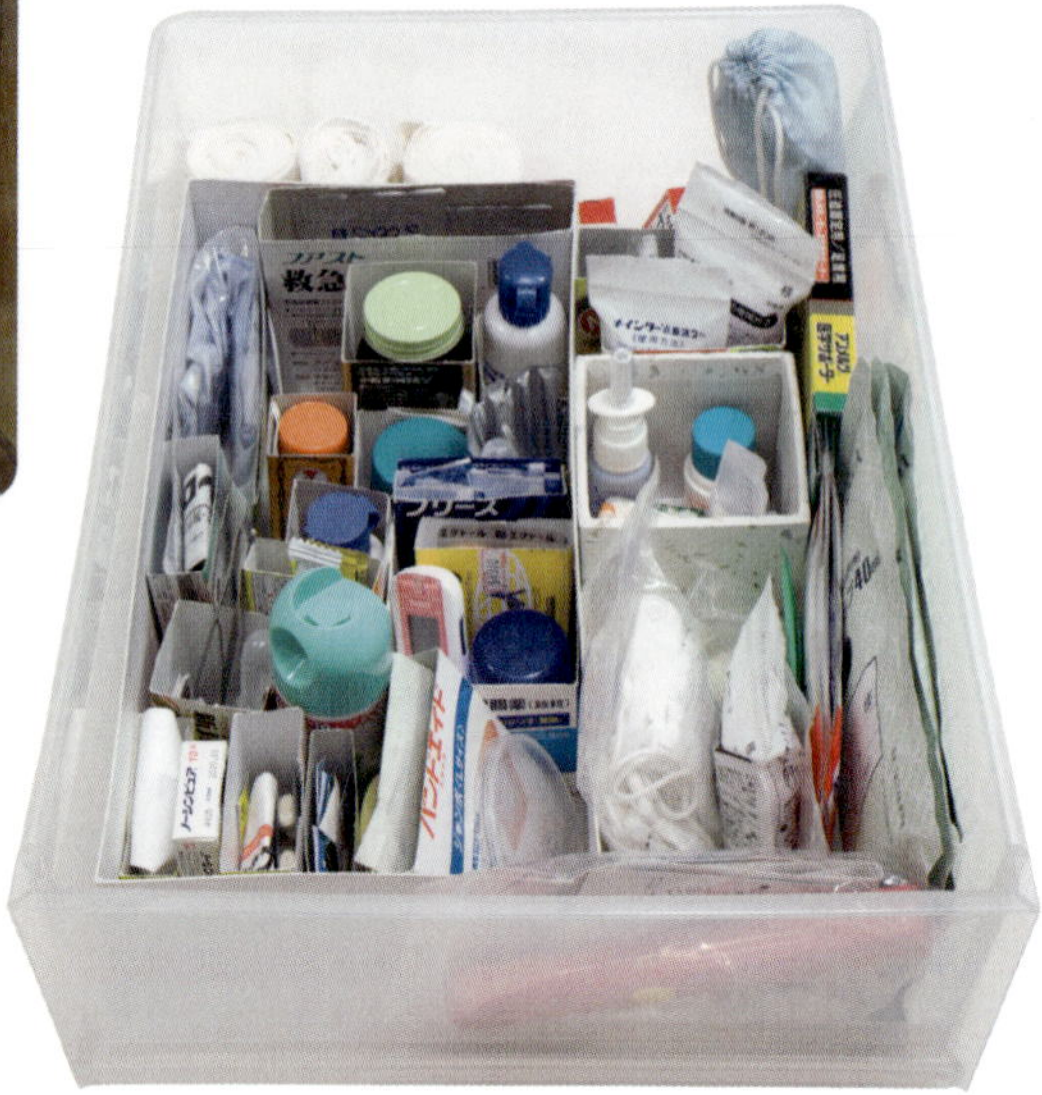

置き場所&入れ方

常備薬は、湿布薬サイズが立つ高さの引き出しに。引いたときにすべてが見えるように入れる

常備薬は湿気や臭いを考え、きっちり閉まる深めの引き出しに入れます。深さが必要なのは、湿布薬を立てて入れるため。湿布薬を平置きにすると､多くの薬が隠れてしまい、中がグチャグチャになりかねないからです。

置き場所は､リビングがベスト。何となく体調が悪いとき、リビングにいることが多くありませんか？　一般的に水場も近いのですぐ服用できます。

また、常に各自の部屋で使う薬は、自分専用として別に収納して管理するようにします。

いずれも引き出しに入りきらなくなったら、期限切れの薬がないか確認して処分しましょう。

薬の箱を活用する

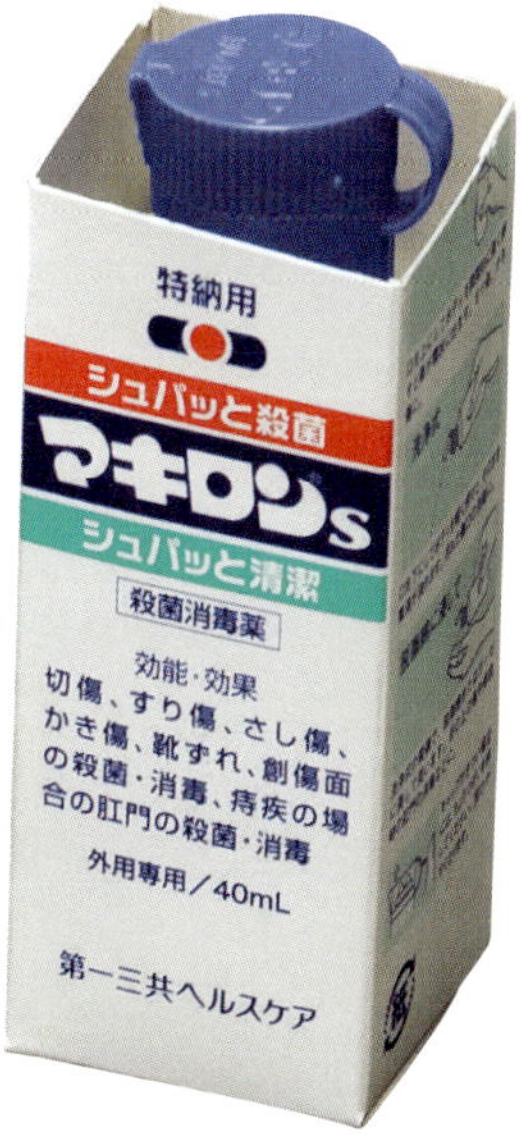

薬を買ったときの包装箱は捨てないでください。箱に入れたまま引き出しに入れると指定席がはっきりします。空席になっていると、その薬は戻していないか、使い切ったことがわかります。箱は購入時、すぐ上部をカットして出し入れしやすくします。そのとき、消費期限を切り落とすことになったら、それを箱の底に入れるか、目立つ位置に油性ペンで期限をメモしておきます。

Question! 先生おしえて

よく飲む薬やサプリメントなどはどこにしまうのがいい？

毎食後服用するものは、0《ゼロ》アクションの、見える収納がおすすめ。見えるので、インテリア性のある入れ物に入れ、食卓と水場が近いキッチンカウンターやその近くに置きましょう。

モノ別

日用品

Daily Necessities

裁縫道具

浅い引き出しに見えるように置くと便利

置き場所&入れ方 浅い引き出しにモノを重ねないように、見えるように並べ、物入れの棚に置く

ボタンをつけたり、ちょっとほころびたところを縫ったりする程度の裁縫道具は、リビングに置くと、気楽にテレビを見ながらでも作業ができます。

裁縫道具は比較的細かくて小さいものが多いので、浅い引き出しが機能的。糸もひと並べになるので、必要なモノが選びやすくなります。引き出しが外れるタイプを使うと、引き出しごと出して使えます。

インテリアとして置く場合はソーイングボックスもいいのですが、針と糸だけちょっと出したいと思っても、いったんボックスごと出さなければならないので、アクションが多くなります。

モノ別

日用品

Daily Necessities

電池・電球

種類ごとに細かく仕切って
ボックスに入れましょう

置き場所&入れ方

細かく仕切って種類別に分け、並べて入れたボックスを棚にセット。または家具の引き出しに入れる

電球のストックは、切れたらすごく不自由という種類だけに限定すると、収納場所をとりません。ボックスに入れた電池や電球は種類が多いので、置き場所は見やすい明るい場所ということも重要。リビングが理想です。

ひと目で見える収納になっていれば、スーパーのレジで目についても、余計に買いすぎることがなくなります。

クイック収納の知恵

使用済み電池も一緒の箱に入れるのがポイント

使い終わった電池は、食料保存用の厚めのチャック付き袋に入れます。新品の電池を出すとき、その場で袋に入れてしまえば、あちこちに置きっ放しにして未使用か否かわからない、ということがなくなります。

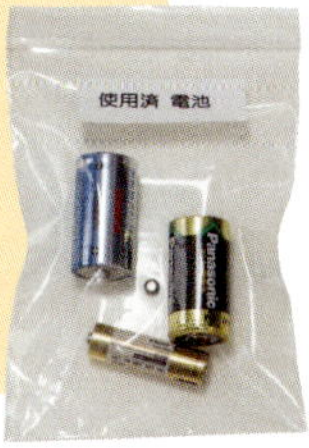

モノ別

日用品

Daily Necessities

掃除道具

掃除道具のスペースを限定

置き場所&入れ方

必要なモノをまとめて
ボックスに入れ、
リビング内の物入れの棚
または廊下の物入れなどに

掃除道具はサイズがさまざま。それらが見えやすいように、重ねずに立てて入れるには、棚板の高さが自由に調節できることが重要です。そうでない場合は、P.190（棚板の増やし方）を参考に改善しましょう。手間と時間がかかりますが、一度がんばれば、その後の何百回という出し入れがラクになります。

収納場所が押入れしかない場合は、引き出しタイプの収納ケースに入れます。その際、中身がグチャグチャにならないように空き箱などで仕切って入れるようにします。

また、掃除道具は、便利そうなものが目につくととりあえず買って、掃除した気分になるものです。そのため使っていない道具や洗剤が溜まりやすいので、場所を限定し、見やすくしておけば、余分なものを買わなくなります。

モノ別

日用品

Daily Necessities

健康グッズ

健康グッズをよく使う場所に指定席を用意しましょう

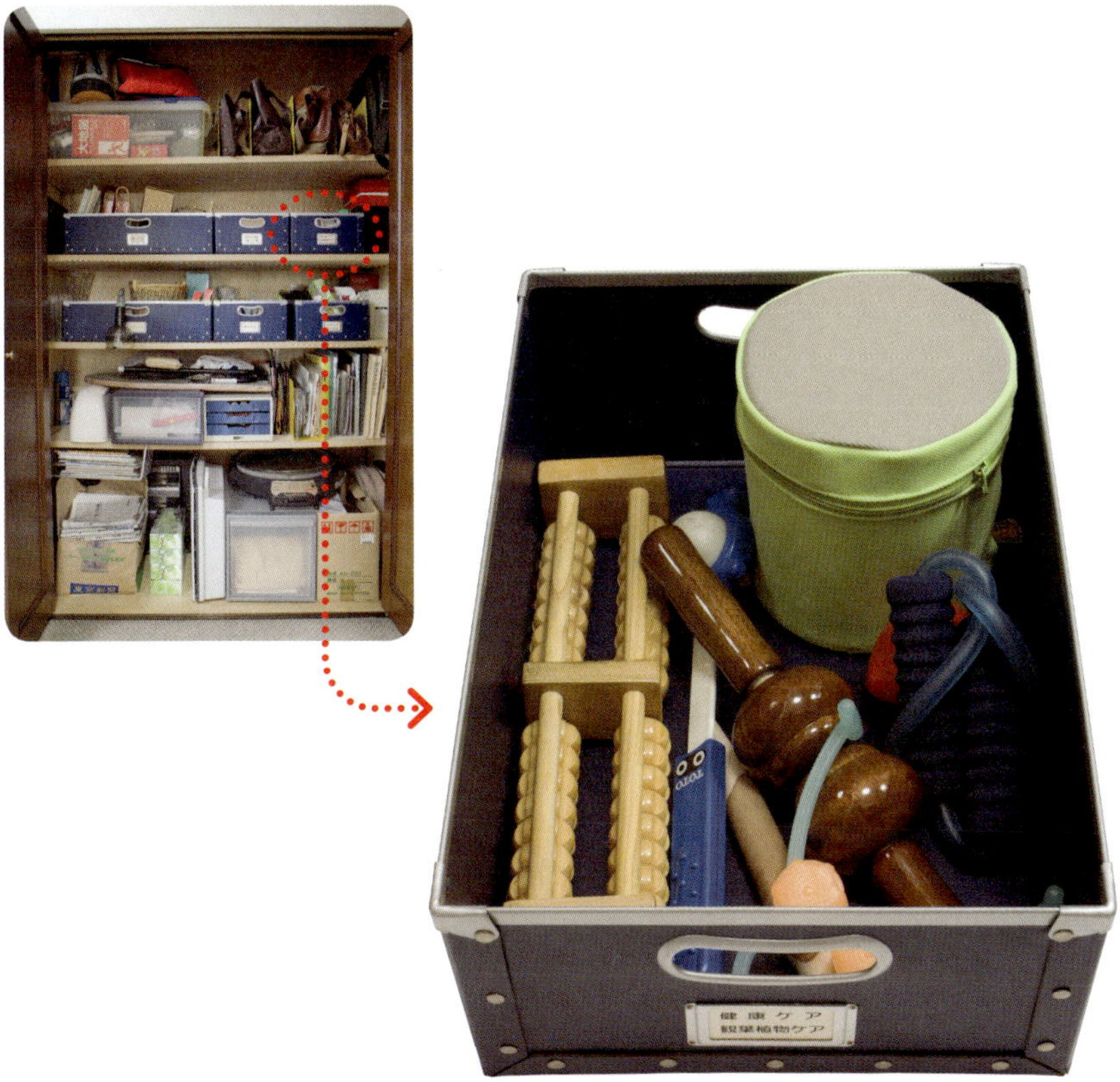

置き場所&入れ方 ボックスにまとめて入れてよく使う場所に置く

肩たたきなど小さなマッサージ用品は、意外と指定席がなく、あちこちに無造作に置きがちです。これらの健康グッズはどこで使うことが多いですか？　リビング？　それとも寝室？　使っている場所を確認して、その近くを定位置にします。

箱に入らないような健康グッズは、リビングなど目につく場所で使うことが多いものです。結構場所をとるので、購入する前に、「どこに置く？」を慎重に考えましょう。

このほかにも、家の中には置き場所がなく、あちこちにフラフラしているモノがあります。この機会に見回して、指定席を設けるようにしましょう。

モノ別

日用品

Daily Necessities

防災用品

何かあったときに
すぐに持って出やすい場所に

置き場所&入れ方

地震災害用品なら、持ち運びやすいバッグに入れて、そのまま持ち出せる状態で収納

災害は地震、水害、新型ウイルスの流行などさまざま。どの災害かを想定して防災用品を整えておきましょう。避難しなくてもいい場合に使う予備のろうそくや避難食は、バッグとは別にして箱にまとめます。

いつ必要になるのかがわからないモノなので、「ある場所が明確」で「出しやすい」、この２点に重点を置いた収納にします。置き場所は、家から出る通路の動線上。例えば、テラスの近く、マンションなら玄関収納の手が届く上部がおすすめです。

モノ別
日用品
Daily Necessities

室内園芸用品

気がついたときに
すぐ出せる場所がポイント

置き場所&入れ方 部屋の雰囲気に合った、片手で開け閉めできる入れ物の中にまとめてしまう

部屋やベランダの植物に肥料をやったり、枝を切ったりは、ちょっと空いた時間や気づいたときにしていませんか？ そんなとき、必要なモノが植物のそばにあればいいですね。でも、入れる場所がないことが大半。しかし、カゴなどさりげなく入れられるものを用意すれば、それも可能です。ベランダの植物の手入れなら、部屋に入らなくても手が届く場所がベスト。

玄関まわりの植物に使う道具や肥料などが、何となく置きっ放しになっている場合は、そのスペースに扉付き収納家具を用意して入れましょう。置きっ放しにしているところが、置きやすい場所だということです。

モノ別

日用品

Daily Necessities

飾り物

しまっていることを
忘れないように
目につく場所に

置き場所&入れ方

クリスマスツリーなどはそのまま、小さなものはボックスにまとめて入れる

飾り物は、イベントもの、絵皿、お人形、花瓶など、形もサイズもさまざま。大きなクリスマスツリーや節句飾りなどは忘れませんが、小さなものは忘れがちです。きちんと「飾り物はココ」と決めれば、忘れません。また、場所がないのに旅先で気に入って買ってしまう……ということもセーブできます。

置き場所は、ひとまとめにして見える場所ならどこでもかまいません。よく使う花瓶は、すぐ出せる場所に置きます。せっかくある飾りものなら、収納に気を配り、飾って楽しみましょう。

モノ別

日用品

Daily Necessities

リサイクル品

必要がないと思われるようなリサイクル品や空き箱にも指定席をつくりましょう

置き場所&入れ方

処分しようと思えるときまで、フタのないボックスに入るだけとっておく

リサイクルできるものを、いったんストックする場所を決めます。また、きれいにプリントされた空き缶や空き箱、空きビンも、すぐには捨て難いものです。気やすめに入れておく場所を設けましょう。

置き場所は、玄関や廊下など、リサイクルしやすいように、外に出しやすい場所にします。その場所からあふれ出したら、リサイクルの場所へ持っていく努力を。その時間がない人は、余計なモノを家に入れない努力をします。

化粧品

ブラシ1本にも指定席を用意しましょう

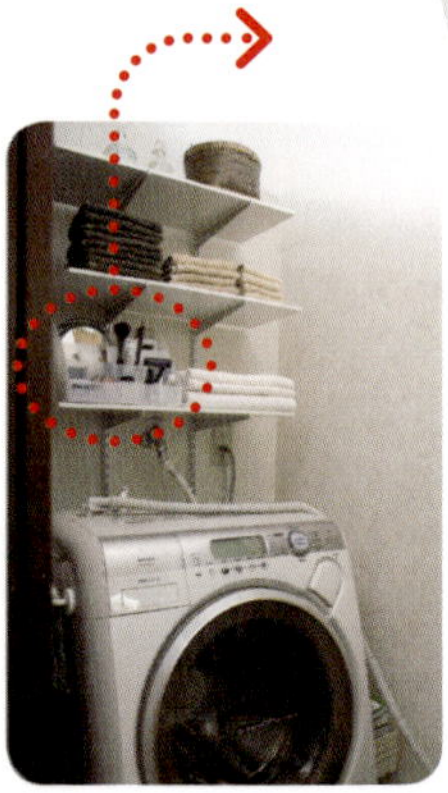

置き場所&入れ方

片手で出し入れできる収納ボックスに立てて、すべてが見えるように

化粧品は洗面台の鏡の扉裏に収納場所があるのですが、使いにくいことが多く、化粧品を入れていないケースが多いものです。その場合、引き出しや造りつけの棚、洗濯機の上のスペースなどに置くのがおすすめです。

入れ物は、手早く出し入れできる形状のものを選びましょう。上のグッズは文房具用（P.156参照）ですが、高さに段階があり仕切りを移動できるので、コンパクトなどのサイズに合わせて片手で出し入れできる指定席がつくれます。丈が短い口紅や紅筆などがまっすぐ立つので、使いやすさ抜群です。

このように必要なモノをまとめて入れられれば、洗面所やリビングなど、好きなところに移動してお化粧できるので便利です。

モノ別

日用品

Daily Necessities

思い出の品

ひとりに1個箱を用意し
残しておける数を
制限しましょう

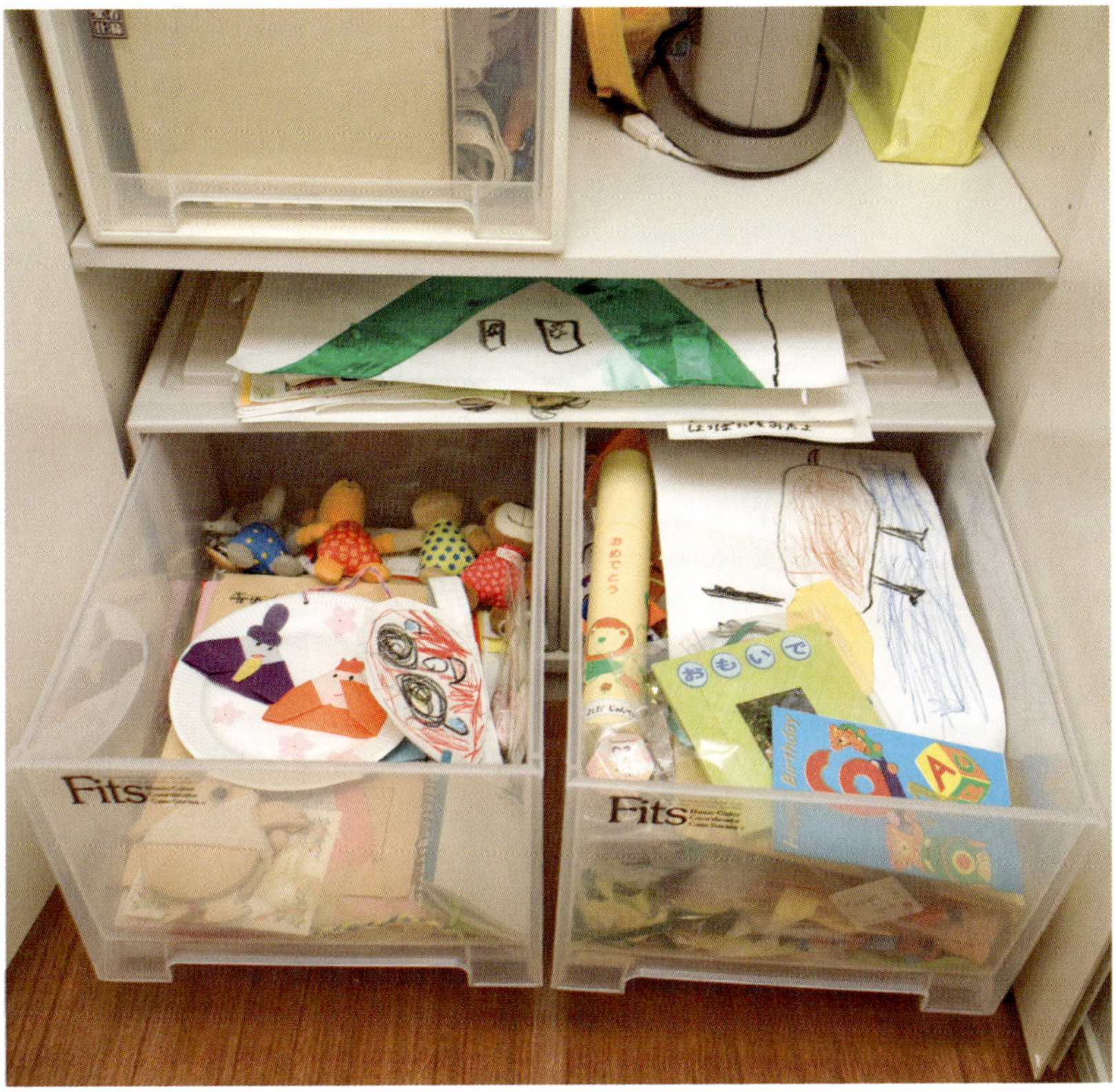

置き場所&入れ方

出番が終わったら、大きめの引き出し収納ケースに入れる

子どものモノは、成長段階で、工作や絵、作文や成績表など、次から次へと増えます。作品はいったん飾り、次の飾るものが来たら、収納ケースに入れます。

引き出しは、子どもが自分で出し入れできるように、子ども部屋のクローゼットの下や、ベッドの下に置きます。

入りきらないモノは、子どもに持たせて写真に撮って残しておくのもいいでしょう。

大人の思い出の品は、あれば安心ということだけなので、廊下収納の上部や納戸に入れてもかまいません。

モノ別

日用品

Daily Necessities

お茶・コーヒー類

お茶を飲むときに使う道具をセットにしておきましょう

置き場所&入れ方

種類別に必要なモノをまとめてセットしてトレーやカゴに入れておく

写真では、Aコーヒー・紅茶用と、B日本茶用を、別々にセットしています。Aのトレーには、コーヒー豆・紅茶、コーヒーミルやドリップ用品、カップ、Bのトレーには急須、茶筒、湯冷まし、湯呑みをセットにして入れています。

こうして必要なモノを揃えておけば、このトレーごとテーブルに持っていけばいいのでラクチンです。

お湯を沸かしたり器を温めたりするので、やはり置き場所はキッチン。お茶セットは意外に場所をとるので、定位置をしっかり決めて、すぐお茶を飲めるようにしましょう。お茶のストックは別にまとめて収納します。

コラム

宿泊パックをつくっておこう

突然の泊まり客にも慌てない収納に

ゲスト用ベッドがない場合、バタバタしなくてもスマートに寝床を用意できる「関連収納」です。

掛け布団と敷き布団は別にして、それ以外に必要なモノをセットし、不織布の袋（布団を購入したときの袋も使える）に入れます。宿泊パックの中身は毛布、タオルケット、バスタオル、フェイスタオル、歯ブラシ類、男女兼用パジャマ、枕、シーツなど。セットにしておくと出すのもラクですが、洗濯したあとに戻すのもラクになります。場所があれば、一度に泊まる最大人数分のセットをつくっておきます。

その宿泊パックは掛け・敷き布団と同じ場所に収納します。ウォークインクローゼットなら布団ラックに布団を、宿泊パックは棚に置きます。

コラム

棚板の増やし方

モノを重ねないで収納するために棚板を増やしましょう

棚収納は、入れ方として数多く登場させています。なぜなら、棚収納は収納の万能選手だからです。段数が足りない場合の増やし方をご紹介します。

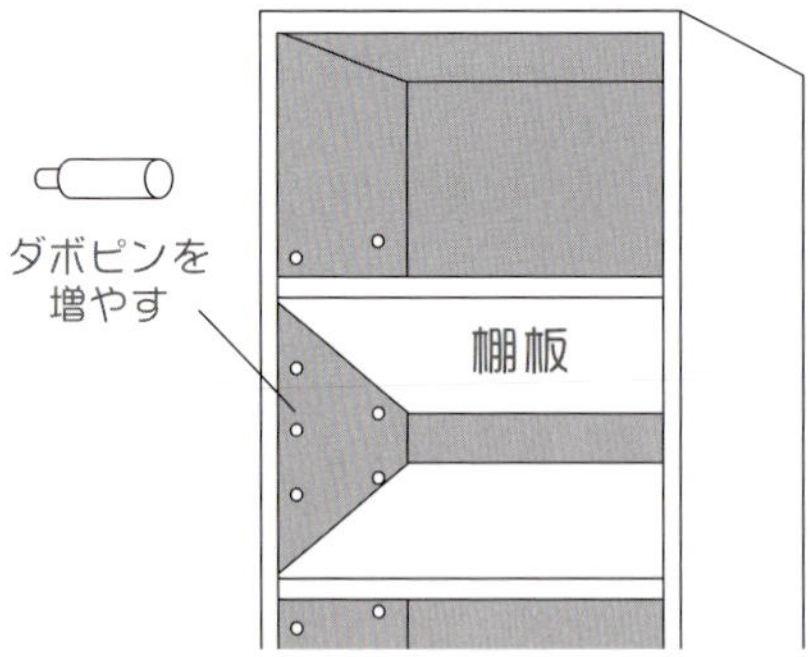

ケース1

ダボ穴がついている場合

同じダボピンを買い足して、既存の棚板と同じサイズの板を用意します。

ケースは3通り

ケース2

ダボ穴がない場合

両サイドに同じ高さの板を立て、その板を支えにして棚板をのせます。安全のために、両サイドをテープかクギで固定しておきましょう。ラクに増やせますが、一時的な方法です。

※つくり方はP.43参照

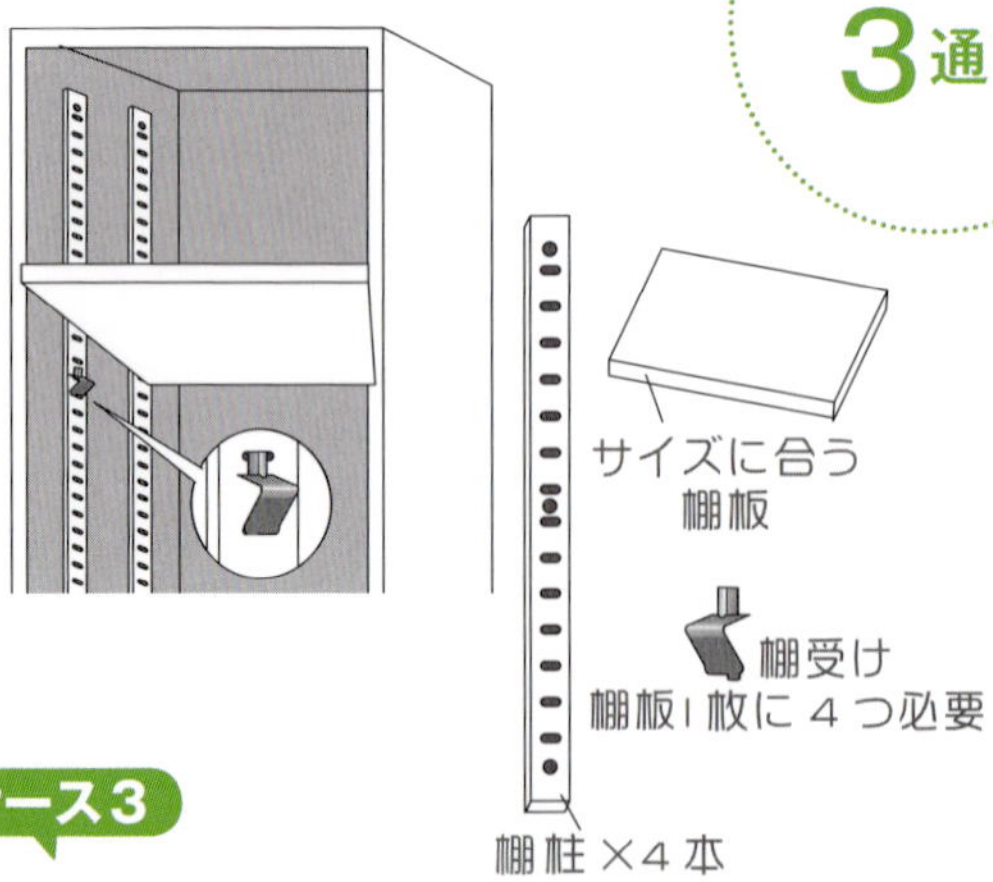

ケース3

物入れはあるけれど、固定棚があるだけの場合

今後のことを考え、固定棚やそれをのせていた桟を外し、きちんと棚をつくることをおすすめします。両側に金属の棚柱をビスで取りつけ、必要な棚板をホームセンターでカットしてもらってセットします。

おわりに

数ある実用書の中からこの本を手に取り、お読みいただきまして、ありがとうございました。

私は40歳頃までは体力がなく、家事が溜まっていてもがんばれませんでした。でも、散らかっているのが気になるのです。いっそのこと気にならないタイプなら幸せなのに……と思ったこともありました。だからこそ、始めは自分のためにラクに片づけるにはどうすればいいのか？をずっと考えてきました。それが今の仕事につながったのです。

思えば、「モノが片づく5つのステップ」を思いついたのは、結婚前に携わっていたコンピュータのプログラム作成の仕事がヒントに。具体的な収納のあり方は、結婚後の自身の主婦業が教えてくれました。住まいも、小さな田舎の一軒家、二階建て、マンションなどさまざまな家に住んだことで、間取りが問題なことや、収納が少なくても片づけやすい家、多いのに散らかりやすい家があることを知りました。下の子の小学校入学頃から始めたキッチン設計の仕事では、何より収納の仕方がわからなくて困っている方々が多いことを知りました。そのアドバイスを図面で表現することを思いついたのは、住宅の設計図に接していたおかげです。

この本を出版するにあたり考えてみますと、このような今までの自分の生活や経験、今は亡き恩師の町田貞子先生との出会いなどの偶然が重なり、「収納カウンセリング」という仕事に導かれたような気がします。そして今も主婦をしながら続けられるのは、すぐ片づけられる収納のおかげだと思います。

「あれもしたい、これもしたい、でも時間がない」と諦めている方がいらしたら、一度ぜひ、「収納」にかける時間と予算を「投資」と考え、実行なさってみてください。

スッキリした住まいは「新しい自分」になる活力を与えてくれるものです。一度の人生です。片づけなどに煩わされることのない充実した日々を送っていただくためにもこの本が少しでもお役に立てることを願っております。

飯田 久恵

●著者略歴

飯田久恵（いいだ ひさえ）

収納家具・システムキッチンなどの設計と主婦としての経験を生かし、個人の生活スタイルや性格に合わせた整理収納の方法を「整理収納学」として確立。1990年、収納コンサルティングを行う「有限会社ゆとり工房」を設立し、現在、「収納カウンセラー」の第一人者として、個人宅やオフィスの収納相談・設計、整理収納に関するセミナーなどを各地で行っている。主な著書に『整理・収納の法則』『「捨てる！」快適生活』（ともに三笠書房）、『ガラクタを捨てて、スッキリ暮らす』（大和書房）など。
有限会社ゆとり工房　http://www.yutori-cobo.co.jp/

◎装幀・ロゴ制作………藤田大督
◎本文デザイン・DTP…石田昌治、杉本伊織（MAPS）
◎イラスト………………佐々野美緒
◎撮影……………………志波美佳（ホープウェイブス）
◎編集……………………Choki!（井島加恵、田辺千菊）
MAPS

PHPビジュアル実用BOOKS

飯田久恵の
［出し入れ］楽チン！ クイック収納術

2009年3月6日　第1版第1刷発行

著　　　者———飯田久恵
発　行　者———江口克彦
発　行　所———PHP研究所
東京本部　〒102-8331　千代田区三番町3番地10
生活文化出版部　☎03-3239-6227（編集）
普　及　一　部　☎03-3239-6233（販売）
京都本部　〒601-8411　京都市南区西九条北ノ内町11
PHP INTERFACE–http://www.php.co.jp/
印刷・製本所———凸版印刷株式会社

ISBN978-4-569-70600-9